Meinen Kindern, Sibylle und Daniel,
und meinen vier Enkelkindern gewidmet.

Doris Lott, 1940 in Karlsruhe geboren, studierte Deutsch und Französisch und lebte zwei Jahre in Frankreich. Neben ihrer Tätigkeit als Lehrerin an einer Realschule arbeitet sie seit vielen Jahren als freie Journalistin und schrieb zahlreiche Beiträge und Feuilletons für den Rundfunk. So entstand auch ihr Frankreichbuch „Mein blau-weiß-rotes Herz", welches über ihre Begegnungen mit Franzosen berichtet. Bekannt wurde sie auch als Herausgeberin von mehreren Karlsruhe-Büchern wie den beiden Bänden „Vom Glück in Karlsruhe zu leben", durch ihr Kinderbuch „Anton, der Eisbär" sowie durch die „Karlsruher Brunnengeschichten".

Doris Lott (Hrsg.)

Hopfenduft und Butterbrezel

Karlsruher Kinder erzählen

Dieser Band herausgegeben von Doris Lott

Fotonachweis: alle Fotos privat,
außer: Doris Schmidts S. 187: MGC – R. Schmidt; Doris Lott S. 119:
Roland Fränkle, Bildstelle der Stadt, Umschlagrückseite: jodo
Das Titelfoto zeigt Joachim Wohlfeil und seine Schwester.

Die Deutsche Nationalbibliothek verzeichnet diese Publikation
in der Deutschen Nationalbibliografie; detaillierte bibliografische
Daten sind im Internet über http://dnb.dnb.de abrufbar.

Lindemanns Bibliothek
Literatur und Kunst im Info Verlag
herausgegeben von Thomas Lindemann
Band 174

Mitarbeit: Kurt Fay

© 2012 · Info Verlag GmbH
Käppelestraße 10 · 76131 Karlsruhe · www.infoverlag.de
ISBN 978-3-88190-702-6

INHALT

Doris Lott

So wunderbar ist das Leben gemischt

„So wunderbar ist das Leben gemischt" heißt es in einer Vers-
zeile von Goethe über den Leben spendenden Atem. Wie oft
fallen mir diese Worte ein, wenn ich in meiner Stadt ganz unterschiedlichen Menschen begegne. „Alles wirkliche Leben
ist Begegnung" hat Martin Buber gesagt, und das vorliegende
Buch mit über 30 „Karlsruher Kindern", die sich heute als
Erwachsene an ihre Kinder- und Jugendzeit erinnern, legt
dafür Zeugnis ab.

In mehreren Karlsruhe-Büchern habe ich die unterschied-
lichsten Menschen beschrieben und geschildert, wie sie mich
geprägt und beeindruckt haben, aber das war nur ein Mosa-
iksteinchen im Kosmos meiner Heimatstadt.

Das vorliegende Buch ist viel breiter gefächert, weil nicht
ich diese Menschen beschreibe, sondern weil die Karlsruher
Persönlichkeiten selbst in der Ich-Form berichten, wie ihre
Heimatstadt sie geprägt hat und welche Erinnerungen in ihnen beim Thema „Kindheit in Karlsruhe" lebendig werden.
Hopfenduft und Butterbrezel, der Spaziergang am Sonntagnachmittag mit den Großeltern im Schlossgarten oder der
Tag, an dem der Vater aus russischer Kriegsgefangenschaft
zurückkehrte und die Kinder Mühe hatten, sich an den „frem-
den Mann" zu gewöhnen.

Einige dieser Geschichten habe ich im persönlichen Ge-
spräch aufgezeichnet, andere wurden mir von den Autoren
zugeschickt. Der Bürgermeister, der Bischof, der Banker, die

Boxweltmeisterin, die Polizeipräsidentin und die Wirtin von der „Alpeschell" in der Südstadt, sie gehören zum „wirklichen Leben" meiner Heimatstadt. Und wenn ich in einer schönen Sommernacht den Duft der Lindenallee in der Bahnhofstraße einatme und das exotische Schreien der Pfauen und Seehunde aus dem Stadtgarten herübertönt, dann fühle ich dieses Glück, in Karlsruhe zu leben.

Dankbar bin ich allen, die mir bei meinem Buch geholfen haben. Vor allem meiner Freundin Barbara Harthill, ohne deren Sachverstand und technische Koordination es nicht möglich gewesen wäre, dieses Buch rechtzeitig vorzulegen. Ihrer Vermittlung verdanke ich auch die Begegnung mit Sonny Fuchs, die mit ihrer Karlsruher Familie nach Neuseeland ins Exil gehen musste, und dem Deutsch-Amerikaner Helmut Fricker.

Irene Schneider hat gemeinsam mit mir kritisch die Texte begutachtet und Ute Morasch und Kurt Fay haben unverzagt und kompetent Korrektur gelesen. Mein Dank gilt insbesondere auch dem Journalisten Josef Werner, der mich zu diesem Buch ermutigt hat. Constanze und Thomas Lindemann waren von Anfang offen für mein Projekt und haben das Buch durch ihre Beratung und ihr Know-how auf den Weg gebracht.

Karlsruhe, im Herbst 2012

DIE „KINDER"

Mein erster
Schulgang
1969

ALL YOU NEED IS LOVE

Markus Brock

In meinem vierten Lebensjahr zogen wir nach Rüppurr. Kaum waren wir hier, trennten sich meine Eltern. Als ich 14 war, starb meine Mutter an einem Gehirntumor, und so kommt es, dass ich meine Kindheitserinnerungen mit niemanden mehr teilen kann, vor allem nicht die Erinnerung an die Jahre vor ihrem Tod. Mein Vater kam dann mit meiner Stiefmutter zu mir nach Karlsruhe, damit ich nicht aus meiner gewohnten Umgebung gerissen wurde. Ich bin ihnen dafür sehr dankbar. Aber meine Kindheit war mit dem Tod meiner Mutter eigentlich vorbei – weshalb ich von den Jahren davor erzählen will.

Zuerst wohnten wir in der Frauenalber und später in der Spessarter Straße, wo ich – auch als Scheidungskind – eine glückliche Kindheit verbrachte. Meine Mutter war immer für mich da, gab mir unendlich viel Liebe. Ein Urvertrauen, von dem ich heute noch zehre. Aber auch mein Vater besuchte mich regelmäßig von München aus, wo er inzwischen wohnte.

Hier in Karlsruhe begegnete ich aber auch anderen Menschen, die mir so liebevoll entgegenkamen, dass ich sie bis heute nicht vergessen habe. Schwester Ursula zum Beispiel vom katholischen

Markus Brock
Fernsehmoderator

Kindergarten – Schwester Ursula mit ihren roten Haaren. Dass ich evangelisch war, spielte für die Schwestern keine Rolle. Oder meine Grundschullehrerin, Frau Wentz, die meine ersten Jahre in der Riedschule begleitete. Als ich sie nach Jahren einmal in der Stadt traf, umarmte sie mich so herzlich wie früher, und ich wunderte mich, wie klein sie war.

Bilder fallen mir ein. Ich sehe mich noch als kleinen Jungen mit Gummistiefeln und abwaschbaren Klamotten durch die Alb waten, über schlammige Äcker springen, im Wald bei den sieben Hügeln in der Nähe der Aussiedlerhöfe toben, spielen, Hütten bauen und natürlich mit meinen Freunden auf dem Spielplatz. Da haben wir uns eigentlich jeden Tag getroffen. Haben Tischtennis, Fußball, Hockey oder „Räuber und Gendarm" gespielt. Das war meine Welt, und sobald ich nach Schulschluss gegessen und meine Hausaufgaben gemacht hatte, zog es mich nach draußen, bis es dunkel wurde. Bei Wind und Wetter waren wir im Freien und wenn ich heim kam, war meine Mutter da, setzte mich in die Badenwanne und machte Abendbrot. Genau so war's. Auch wenn ich mal nicht völlig verdreckt war!

Sie wollte keinen neuen Partner, und so sprach sie mit mir über alles, was sie bewegte und was in der Welt vor sich ging. So begann auch ich schon früh, mich für alles, was so passierte, zu interessieren.

Am Wochenende hatten wir beide unser festes Ritual. Jeden Samstag gingen wir zusammen in die Stadt. Und jedes Mal ging es zum Spielwarengeschäft Döring. Denn dort gab es alles für meine hölzerne Wildwest-Stadt. Jedes Mal durfte ich mir dann eine neue Cowboy- oder Indianerfigur aussuchen. Nicht mal eine Mark hat das damals gekostet. Dann wurden gemeinsam andere Besorgungen erledigt. Oft auch Kleidung für sie oder mich. Ich bei „Hergard", meine Mutter in der schicken „Rodier"-Boutique. Vielleicht gehe ich deshalb heute noch – ganz untypisch für Männer – gerne mit meiner Tochter Kleider kaufen. Anschließend ging's dann in die Pizzeria „Como Lario" in der Kaiserstraße. Der Besitzer der Pizzeria war ein sehr netter Spanier. Einmal schenkte er mir eine Gourde, eine spanische Trinkflasche aus Leder. Meine Mutter bestellte sich immer eine Pizza oder Pasta mit einem kleinen Glas Rotwein, für mich gab es Pizza und Cola oder Fanta. Dann steckte ich eine Mark in die Musikbox und drückte drei Beatles-Songs. Vor allem ihr Lieblingslied: All you need is love, love, love is all you need ...

Auch heute noch brauche ich Rituale, sicher auch, weil mein Berufsleben so unstet ist. Schon als Kind war ich ein eifriger Freibadbesucher, und noch immer liebe ich das Rüppurrer Freibad, wo ich im Sommer drei- bis viermal die Woche meine dreißig oder vierzig Bahnen ziehe. Vor kurzem habe ich das Rheinhafenbad entdeckt, das sehr lange geöffnet ist, und kann nun meine Saison verlängern. Ich brauche den Sport, um meinen Kopf freizukriegen. „Bei uns tobt ein Bürgerkrieg im Kopf", hat neulich ein Hirnforscher gesagt und mir geht das wirklich oft so.

Wenn ich im Oberwald in Rüppurr losjogge, dann klärt sich all das angehäufte Wissen, das ich tagsüber in meinen Kopf stopfe und dann in meinen Sendungen „ausspucke". Es ist so wichtig für mich, meinen Kopf freizukriegen. Nicht denken: loslaufen, schwimmen, Rad fahren.

Mit 18, die Pubertät mit all ihren Problemen lag hinter mir, durfte ich meine Zukunft selbstständig in die Hand nehmen. Ich bereitete mich auf mein Abitur vor. Ich bin meinem Vater sehr dankbar, dass er großes Vertrauen in meine Selbstständigkeit gesetzt hat. Aber auch sonst habe ich immer Menschen getroffen, die mich liebevoll aufgenommen haben. Die Eltern meiner ersten Freundin aus der Eisenlohrstraße, die Familie meiner späteren Freundin, meine Lehrer und Lehrerinnen.

Es war eben nicht selbstverständlich, dass zum Beispiel mein Religionslehrer, Herr Hirth, obwohl wir ganz andere

15

Ansichten über Gott und die Welt hatten, stundenlang mit mir diskutierte, oder Pfarrer Herion, der mich konfirmierte, mir so viel Toleranz entgegenbrachte. Ihnen verdanke ich es, dass ich auf dem Boden der christlichen Werte stehe.

Aber zurück zu meiner Kindheit. Ich war ein guter Schüler, abgesehen von Mathe, Physik und Chemie, wo ich eine richtige Pflaume war. Meine Grundschullehrerin wollte, dass ich mich für das Bismarck-Gymnasium entscheide, aber da war nichts zu machen. Ich wollte in meinem Rüppurr und bei meinen Freunden bleiben. Deshalb ging ich ins Max-Planck-Gymnasium, das heute auch meine Tochter besucht. Mein Lieblingslehrer, Paul Stephany, unterrichtet dort immer noch Politik, die ich am Ende als Leistungskurs gewählt hatte. Auch meine Deutsch- und Geschichtslehrerin Birgit Voigt ist noch da. Beide mag ich noch genauso wie damals.

Ich habe mich immer gerne in der Schule engagiert, war jüngstes Redaktionsmitglied der Schülerzeitung „Granate", Klassensprecher oder in der SMV.

An unserer Schule herrschte eine sehr liberale, lockere Atmosphäre – dank Direktor Erwin Baurmann. Ich mochte dieses Gymnasium mit seinem guten Geist, das auch Problemkinder aufnahm, die von anderen Schulen geflogen waren und die hier noch eine Chance bekamen. Und ich mag es auch heute noch, als Vater einer Tochter, die dort nun ihren Weg machen darf.

Paul, mein Politiklehrer, mit dem ich heute noch gerne schwatze (s. o.!), sagte mal zu mir: „Das wusste ich, dass Du nie einen normalen Beruf haben wirst!" Stimmt, ich wollte immer Musiker werden – oder eben Journalist. Weil ich gerne auf der Bühne stehe, macht mir das auch heute noch großen Spaß: als Fernseh-Moderator beim SWR.

Schon als Schüler spielte ich in verschiedenen Bands, „Pan Tau" und „Inquest" waren recht bekannt. Ich machte Jazz, Rock und Pop, spielte Bass und sang, aber ein großer Solosänger war ich nie. Ich bin ein ausgesprochener Individualist, aber gleichzeitig auch ein begeisterter Team-Worker, noch ein Grund, warum mir Fernsehen so viel Freude macht.

Nach dem Abitur habe ich Wirtschaftswissenschaften studiert. Drei Wochen lang. Denn es war einfach viel zu viel Mathematik, die ja nie mein Ding war. Also habe ich umgesattelt auf Soziologie und Politische Wissenschaft.

Heute lebe ich mit meiner Familie immer noch in Rüppurr und fühle mich in Karlsruhe sehr wohl.

Schon meine erste Erfahrung mit der Stadt war positiv. In der Zeit davor wohnten wir im Ruhrgebiet, das damals wirklich noch der berüchtigte Kohlenpott war. Ich hatte einen üblen Pseudo-Krupp-Husten. Als wir, ich war damals vier Jahre alt, nach Karlsruhe zogen, war dieser Husten nach nur drei Wochen verschwunden. Für immer. Und ich bin heilfroh, dass ich in der wärmsten Stadt Deutschlands lebe. Schade nur, dass der Sommer hier nicht 365 Tage dauert!

Auch wenn die Stadt momentan so viele Baustellen hat: Ich stehe voll hinter der Kombilösung, die uns endlich eine richtige Fußgängerzone bescheren wird. Bis dahin bleibt mir immer noch mein Fahrrad, da umfahre ich einfach jede Baustelle.

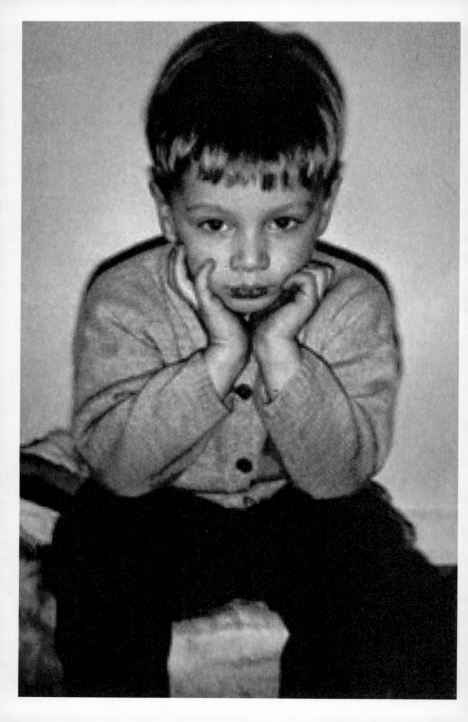

Barfuss durch den Sommer

Wolfram Fleischhauer

Ich bin in einer Stadt aufgewachsen, aber die frühsten Erinnerungen haben alle mit der Natur zu tun, vor allem mit dem Wald. Wir wohnten in der Oststadt, im Klosterweg. Wenn ich aus dem Fenster schaute, war alles grün. Um das Haus herum gab es überall noch Gärten und Wiesen, gegenüber lockte der immense Hardtwald, in den sich noch keine Universitätsgebäude, Stahlbetoninstitute und Parkplätze hineingefressen hatten.

Wahrscheinlich bilde ich es mir nur ein, aber ich meine, ich ging den ganzen Sommer über barfuß. Ich weiß noch, dass ich im Frühling jeden Morgen nach dem Aufstehen auf den Balkon stürzte um zu schauen, ob das Thermometer schon 15 Grad anzeigte – denn nur dann bekam ich die Erlaubnis, in kurzen Hosen zur Schule zu gehen. Nachmittags war ich so viel wie möglich draußen, auf dem Singer-Gelände, wo heute das Fraunhofer Institut steht, oder im Wald gegenüber.

Wolfram Fleischhauer
Bestsellerautor

Wir lebten zu fünft in einer Dreizimmerwohnung. Zwar kamen eine eigene und später auch noch eine angemietete Mansarde hinzu, in die man ausweichen konnte, aber eng war es trotzdem.

Mein Vater war Beamter beim Hochbauamt, meine Mutter tat, was man heute wohl als *Multitasking* bezeichnen würde: Haushalt, Kinder und wechselnde Nebenjobs. Besonders gut erinnere ich mich an Tupperparties, zu denen ich oft mitgenommen wurde. „Die schöne Müllerin" und „Das doppelte Lottchen" waren fester Bestandteil meines Kindervokabulars. Am interessantesten war allerdings das Chaos, das im Wohnzimmer beim Umpacken der Bestellungen entstand. Meinem jüngeren Bruder und mir ging es dabei vor allem darum, leere Kartons für den Hüttenbau im Kinderzimmer abzustauben. Meine ältere Schwester war über dieses Stadium damals schon hinaus.

Ich bin zwar evangelisch getauft, da jedoch mein bester Freund katholisch war und der nächstgelegene Kindergarten auch, besuchte ich den Kindergarten der Bernhardus-Gemeinde. Vor ein paar Jahren habe ich alte Kinderzeichnungen aus dieser Zeit wiedergefunden, die Hochzeit zu Kanaan, von der ich offenbar damals keine rechte Vorstellung hatte. Eine Braut ist jedenfalls nirgendwo zu sehen, und was der nach offizieller Überlieferung Dauer-Single Jesus auf dieser Hochzeit verloren hatte, geht aus der Zeichnung auch nicht hervor. Haben Kinder vielleicht ein Gespür für Ungereimtheiten in Geschichten? Als ich Jahre später herausfand, dass die ganze Kanaan-Episode gefälscht ist (tatsächlich *hat* Jesus dort geheiratet), fiel mir jedenfalls die Zeichnung wieder ein.

Es fällt mir heute schwer, es zu glauben, aber soweit ich mich erinnern kann, ging ich die nicht unbeträchtliche Strecke zum Kindergarten schon als Fünfjähriger alleine. Und auch der Weg zur Tulla-Grundschule, die ich ab 1967 besuchte, fand nach einer kurzen Eingewöhnungszeit ohne Begleitung von Erwachsenen statt. Heute unvorstellbar, durchquerte ich dabei mit anderen ABC-Schützen das Gelände um den Hauptfriedhof und kreuzte Straßen, auf denen auch damals schon Autos und Straßenbahnen fuhren. Mein eigener Sohn ist heute acht Jahre alt und ich könnte mir nicht vorstellen, den verträumten Drittklässler an einem Novembermorgen auf einen solchen Weg zu schicken. Ist die Welt so viel gefährlicher geworden? Oder wir Erwachsene so viel ängstlicher? Immerhin – und das werde ich nie vergessen – wurde eine meiner Mitschülerinnen damals auf dem Schulweg totgefahren. Sie hieß Romei Stiefel. Ich kann mich noch gut an sie erinnern: Blond, mit einem fahrigen Blick aus blauen Augen und immer Resten von Schokoladenkeksen um den Mund.

Ich verliebte mich auf Anhieb in meine Lehrerin. Sie hieß Frau Schärf und hatte lange, schwarze Haare. Ich wollte ihr gleich am zweiten Schultag Blumen schenken, was meine Mutter allerdings zu verhindern wusste.

Ab der zweiten Klasse unterrichtete mich die strenge Frau Holler. Der Anklang an die Märchenfigur ist durchaus treffend. Sie steckte mich schon bald – wohl nicht ganz zu Unrecht – in die Kategorie Pechmarie (Spätentwickler, eher faul und ein wenig aufmüpfig). Meine Schulkarriere bis zur zehnten Klasse war ab da mehr oder weniger vorgezeichnet.

Dass ich es auf das Gymnasium schaffte und bis zur zehnten Klasse durchhielt, verdanke ich vor allem dem Engagement meiner Eltern. Ausbildung hatte bei uns einen sehr hohen Stellenwert, was sicher auch daran lag, dass meine Eltern diesbezüglich kriegsbedingt kein großes Glück gehabt hatten. Meine Mutter stammte aus einer Künstlerfamilie mit stark bohèmehaften Zügen, mein Vater war der Sohn eines Berufssoldaten. Sowohl der Künstler als der Soldat sind ja eigentlich lebensuntüchtig, weshalb sie sich in die Illusion von der absoluten Freiheit oder die Schimäre einer absoluten Ordnung flüchten. Ich spüre diesen Widerspruch oft in mir, das Leichte, Oberflächliche, Künstlerische und das Starre, Sicherheitsorientierte, Perfektionistische. Manchmal muss ich lachen, wenn ich mir anschaue, was aus dieser Mischung geworden ist: ein EU-Beamter, der Romane schreibt.

An meine Gymnasialzeit denke ich nicht gern zurück. Sicher lag es nicht nur an der Schule, dass ich mich so schwer tat, aber das Kant-Gymnasium, welches ich ab 1971 besuchte, hat schulpädagogisch sicher nicht Stadtgeschichte geschrieben. Wer dort mitkam, kam mit, wer nicht, musste eben sehen, wo er blieb. Mir wurde sehr rasch nahe gelegt, doch lieber auf die Realschule oder Hauptschule zu wechseln und so schnell wie möglich irgendeine Lehre zu machen. Mein Lateinlehrer schlug ernsthaft eine Fleischerlehre vor, da ich ja schon den Namen hatte. Mit Nachhilfe schaffte ich zwar immer wieder die Versetzung, aber in der Quarta resignierte ich und schlug nach einem Hagel von Vierern und Fünfern im ersten Schulhalbjahr selbst vor, eine Ehrenrunde zu drehen. Sogar in meinen Lieblingsfächern Deutsch und Englisch häuften sich die Misserfolge. Unter einem Aufsatz über ein Gewittererlebnis, bei dem ich mich sprachlich wirklich ins Zeug gelegt hatte, stand nur: Völlig unrealistisch. Vier minus.

Sitzenbleiben war die schlimmste Erfahrung meiner Jugend. Die Trennung von der alten Klassengemeinschaft, in der ich mich sehr wohl gefühlt hatte, machte mir enorm zu schaffen. Nach Weihnachten plötzlich in eine mir völlig fremde Klasse zu gehen und die gewohnten Schulfreunde nicht mehr um mich zu haben, war entsetzlich. Ich fühlte mich frustriert und gedemütigt und sah wenig Veranlassung, meine Einstellung zur Schule oder mein Verhalten zu ändern. Ich verlor meine Freunde, ein Schuljahr, und meine Leistungen blieben gleich schlecht.

Ausgleich von der verhassten Schule fand ich vor allem beim Sport und in Jugendorganisationen. Da war vor allem die *Jungschar*, eine Jugendgruppe der Lutherkirche, die von zwei jungen Männern namens Frank und Harald in den Kindergartenräumen in der Werthmannstraße geleitet wurde. Vor allem Frank hatte es mir damals angetan. Er sah aus wie Che Guevara, rauchte Gitanes oder Gauloises und hatte Antworten auf jedes Weltproblem, von Vietnam bis zu Martin Luther King. Wir sangen, spielten, diskutierten über Verhütung und ob es einen Gott gibt, fuhren ins Zeltlager, ich schrieb meine ersten Lieder zur Gitarre und natürlich gab es regelmäßig Steh-Blues-Partys, um Geist und Sinnlichkeit gleichermaßen zu entwickeln. Das war eine tolle Gemeinschaft, und mit Uschi, meiner ersten großen Liebe von damals (zwei Köpfe größer als ich, was aber nicht störte), habe ich heute noch Kontakt.

Fast noch wichtiger als die Jungschar war der Sport. Ich war ein ganz guter Fußballspieler und nicht selten spielentscheidend als Kreisläufer in der Jugendhandballmannschaft des MTV. Zwar ist es uns nie gelungen, Beiertheim oder Rintheim zu schlagen, aber wir schafften es doch mehrmals in die Nähe der Kreismeisterschaft. Dann wurde ich Rettungsschwimmer. Ich trat in die DLRG ein und trainierte mittwochs im Tulla- und freitags im Vierordtbad, bis ich den Rettungsschwimmerschein in der Tasche hatte. Damit war auch entschieden, wo ich künftig die Sommerferien verbringen würde: im Rheinstrandbad Rappenwört. Glücklicherweise bekam kein Badegast einen Herzinfarkt, während ich dort am Becken stand, die Wellenmaschine ein- und ausschalten durfte und mit DLRG-Kapuzenpulli und Trillerpfeife den Bademeister gab.

Abends, wenn das Bad sich leerte, zogen wir *DLRGler* uns zunächst in das DLRG-Häuschen am Rhein zurück. Später setzten wir mit einem immer löchrigeren Ruderboot über einen Rheinseitenarm zu unserem Zeltlager am Rheinufer über. Zwei oder drei Sommer habe ich dort draußen verbracht, mit Lagerfeuer, Gitarrengesang, Jugendliebeleien und zahllosen Schnakenstichen.

Ich war also ganz gut integriert. Und doch eckte ich bisweilen an, was an einem ganz merkwürdigen Umstand lag: Ich konnte einfach kein echtes Karlsruherisch sprechen. Meine

Mutter stammt aus Kehl, mein Vater aus Kassel. Zwar sprachen wir alle mit süddeutscher, badischer Färbung. Aber der spezifische Tonfall und das spezielle karlsruherische Vokabular waren bei uns nicht in Gebrauch. Wir benutzten Plastiktüten und keine Gummiguck oder wie immer das heißt. Auch aßen wir Kartoffeln und keine Grumbiere. Sich einem Dialekt oder der vorherrschenden Umgangsprache zu verweigern, kann heikel sein. Manche Altersgenossen fühlten sich von meiner Art zu sprechen provoziert. Einmal brachte mir ein amüsiertes Kichern über die Ausdruckweise eines Mitfußballers sogar eine dicke Backe ein. Manche hielten mich für hochnäsig, was nicht der Fall war. Ich kam mir nicht als etwas Besseres vor. Aber anders fühlte ich mich schon. Meine Heimatsprache war mir einfach fremd.

Ein Gutes hatte mein Sitzenbleiben gehabt: Meine neue Klassenlehrerin, Frau Kuhn, bewies nicht nur ein Gespür für meinen schulischen Kummer, sondern sie hatte auch eine Lösung parat: ein Jahr ins Ausland. Sie steckte mir eine Broschüre des *American Field Service* zu. Ein Jahr in Amerika zur Schule gehen! Ich war sofort Feuer und Flamme, bewarb mich und tat etwas, was ich bisher noch nie getan hatte: Ich strengte mich in der Schule an, denn Voraussetzung für das Auslandsjahr war nicht nur beim AFS angenommen zu werden, sondern die Versetzung in die elfte Klasse.

Dieser Text soll von Karlsruhe handeln, deshalb kann ich das Jahr in den USA nur streifen. Aber ich frage mich oft, was aus mir geworden wäre, wenn ich diese Chance nicht bekommen hätte. Hätte ich überhaupt das Abitur geschafft? Hätte ich die Reife und das Selbstvertrauen gewonnen, um das Leben zu leben, in dem ich mich heute wiederfinde? Auf jeden Fall hätte es mehr schmerzhafte Umwege gegeben. Vielleicht kann ich es auf eine einfache Formel bringen: Ich bin in Karlsruhe aufgewachsen, aber erwachsen geworden bin ich in den USA. Und das gleich zweimal. Einmal als Austauschschüler

1978/79 und dann noch einmal während des Studiums, als mir ein zweites Amerikajahr, diesmal an einer Uni in Kalifornien, in einem ganz anderen Zusammenhang erneut sehr geholfen hat, meine Orientierung zu finden. Mein vorletzter Roman, „Der gestohlene Abend", erzählt diese Geschichte, in die mehr autobiografische Details eingeflossen sind als in meine sonstigen Bücher.

Mein Schuljahr an einer High School in Ohio wurde in Deutschland nicht anerkannt und so musste ich nach meiner Rückkehr noch drei weitere lange Jahre die Schulbank drücken. An das Kant-Gymnasium, die Stätte zahlloser Niederlagen und Frustrationen, wollte ich keinesfalls zurückkehren. In der Eile war nur das Wirtschaftsgymnasium bereit, mich aufzunehmen, und so verbrachte ich ein ziemlich merkwürdiges Schuljahr am Friedrich-Liszt-Gymnasium. Ich war plötzlich umringt von angehenden Bank- und Versicherungskaufmännern und -frauen, von zukünftigen Betriebswirten und Kaufleuten aller Art. Wie in Trance folgte ich diesen Kursen über VWL, Buchhaltung und Betriebswirtschaft. Meine Interessen hatten sich in den USA komplett auf Geisteswissenschaften und Sprachen verlagert, entsprechend verzweifelt war ich, als ich nach einem dreiviertel Jahr von Buchungssätzen („Vorsteuer an Kasse") und Kontenrahmen die Nase gestrichen voll hatte, zugleich jedoch kein Rückweg an ein normales Gymnasium möglich schien. Rettung erschien in Gestalt von Frau Wegel, der damaligen Direktorin des Fichte-Gymnasiums, die im Schulgesetz nachschlug und feststellte, dass mein Fall zwar nirgendwo vorgesehen, aber auch nicht ausdrücklich verboten war. So konnte ich die letzten zwei Schuljahre doch wieder an einem normalen Gymnasium verbringen, statt Buchhaltung Leistungskurse in Englisch und Geschichte belegen und ein Allgemeinabitur machen.

Angesichts dieser bizarren Schulkarriere wird man mir nachsehen, dass ich die Bildungsdiskussion in Deutschland nur mit Kopfschütteln verfolge. Wenn ich etwas zu sagen hätte, so würde ich das Allgemeinabitur für alle als Staatsziel in die Verfassung und den Bundeshaushalt schreiben. Es mangelt nur selten an Können, sondern fast immer an Förderung und Motivation. Es gehört zur Perfidie und Scheinheiligkeit der bürgerlichen Gesellschaft, dass sie alles tut, um 80 Prozent der Bevölkerung vom Abitur auszuschließen, anstatt alles daran zu setzen, den wichtigsten Rohstoff, den wir haben, auch aus den zunächst unzugänglichen Seelen und Köpfen hervor zu fördern.

Die letzten beiden Jahre in Karlsruhe waren wohl meine glücklichsten. Die Schule lief wie von selbst, ein jahrelanger Albdruck war einfach abgefallen. Neue tiefe Freundschaften entstanden zwar nicht mehr, dazu ergab sich durch die vielen Schulwechsel keine Gelegenheit mehr. Aber da meine Abnabelung sich im Grunde schon in den USA vollzogen hatte, litt ich darunter nicht und fühlte mich auch unter Menschen wohl, mit denen ich nur locker befreundet war. Dass ich Karlsruhe sofort nach dem Abitur verlassen würde, wusste ich schon, und so genoss ich es jetzt. Das mag seltsam klingen und soll keinesfalls gegen die Stadt gerichtet sein. Aber es gibt eben Menschen, die Wurzeln benötigen um zu wachsen. Andere brauchen Flügel. Und dazu gehöre ich. Ich war plötzlich ein Einserschüler mit relativ viel Freizeit. Ich war sehr aktiv im American Field Service, dem ich sehr viel verdanke. Ich komponierte viel, vertonte altenglische Balladen und besuchte im letzten Schuljahr die ersten Literaturseminare bei Professor Knopf, weil es mir in der Schule nun allmählich zu langsam ging. Ich schrieb meine ersten Kurzgeschichten und wusste, dass ich mir in jedem Fall einen Beruf suchen würde, wo man für das Lesen bezahlt wird.

Nach dem Abitur wohnte ich sechs Monate lang in einer Wohngemeinschaft. Die Adresse, Kriegsstraße 176, war damals wohl in der halben Stadt bekannt. Die Feste waren super, die

Gespräche wundervoll, die Tagesabläufe voller Zufälle und interessanter Begegnungen. Allein der einwöchige Spüldienst, der unweigerlich alle fünf Wochen drohte, konnte einem die Stimmung verderben. Im Grunde waren meine letzten sechs Monate in Karlsruhe eine ununterbrochene Party, bis ich mich an einem Januarmorgen 1983 plötzlich in einem Nachtzug nach Salamanca (nein, nicht nach Lissabon!) wiederfand, wo ich hinfuhr, um Spanisch zu lernen.

Seither habe ich nie wieder in Karlsruhe gelebt. Natürlich kam ich anfänglich oft zu Besuch, aber der Abschied war dennoch endgültig gewesen.

Wenn ich heute zurückkomme, dann immer gern. Ich liebe den Schlossgarten und die vielen Fahrradwege und die Art und Weise, wie die Stadt und der Wald ineinander übergehen. Wenn ich von Frankfurt mit dem Auto oder dem Zug komme, freue ich mich immer, wenn ich endlich den Turmberg sehe und das an den Hang geschmiegte Durlach. Wenn ich es einrichten kann, gehe ich in die Schauburg oder ins Staatstheater, aber ich bin zu selten und meist auch zu kurz da, um die Stadt neu zu erkunden. Mit dem Dialekt habe ich mich längst versöhnt. Ich liebe die Gedichte von Harald Hurst, und wenn ich in Berlin jemanden auf der Straße badisch reden höre, bekomme ich immer heimatliche Gefühle.

Nur mit dem merkwürdigen Umstand, dass ich ausgerechnet in Karlsruhe für meine Bücher immer die schlimmsten Verrisse ernte, habe ich mich noch nicht so ganz abgefunden. Aber wahrscheinlich muss das so sein. Ja, es ist wohl ein untrügliches Zeichen, dass ich eben wirklich ein Karlsruher bin. Denn wie sagt man so schön auf der anderen Seite des Rheins: Nul n'est prophète en son pays.

Brüssel, im Herbst 2011

DER SOHN DES
WIDERSTANDSKÄMPFERS

Klaus Frank

Es ist immer wieder schön für mich, nach Karlsruhe zurück-
zukehren, in die Stadt, wo ich geboren wurde und meine
Kindheit und Jugend verbrachte. Ein echter Badener zu sein,
darauf bin ich stolz.

Am 4. Oktober 1935 wurde ich als drittes Kind des Rechtsanwalts Reinhold Frank und seiner Ehefrau Annemarie in der
Landesfrauenklinik in der Kaiserallee geboren. Mit kurzen
Ausnahmen lebte ich mit meinen drei Geschwistern in der
Weststadt, in der Maxaustraße Nr. 30, die heute Ludwig-Marum-Straße heißt. Zu diesem Haus ge-
hörte ein großer Garten, der nach dem
Krieg durch den Bau eines Mietshauses
verloren ging. 1938 kam meine jüngste
Schwester zur Welt und die Familie blieb
zusammen, bis das Studium uns an einen anderen Ort verschlug. Dennoch
blieb die Ludwig-Marum-Straße unser
Anziehungspunkt, bis unsere Mutter
1975 zurück in die Südstadt zog, wo sie
aufgewachsen war.

Meine Erinnerungen gehen zurück
in eine sehr behütete Kindheit, in eine
häusliche Geborgenheit, zu der auch unsere Oma, die Mutter unserer Mutter,
wie selbstverständlich dazu gehörte.

*Klaus Frank
Seelsorger*

Es folgte der Besuch des Kindergartens im „Herz-Jesu-Stift", der von Ordensschwestern geleitet wurde und in dessen Räumen nach der Zerstörung des Gotteshauses 1944 Gottesdienste gefeiert wurden. 1946 wich Pfarrer Carl Degler in das Rheingold-Filmtheater aus, ein Ort, der heute ein bekanntes Nachtlokal ist.

Die ersten Schuljahre verbrachte ich in der Gutenbergschule, bis sie 1943 zerstört wurde. 1939 hatte der Krieg begonnen, was uns Kindern vor allem dadurch bewusst wurde, dass oft die Alarmsirenen ertönten und wir im Keller durchhalten mussten, bis wir wieder auf die Straße durften.

Es war das Jahr 1943, als der abgesetzte Staatspräsident Eugen Bolz bei uns Unterschlupf fand. Ich erinnere mich an einen kleinen, schmalen Mann, der mit uns Kindern unter dem Namen „Dr. Müller" regelmäßig auf dem Flugplatz spazieren ging. Bolz musste fliehen und unser Vater hatte ihn gebeten, zu uns zu kommen. Der Flugplatz lag hinter dem Städtischen Krankenhaus und von hier aus sahen wir, wie die Kriegsbomber aufstiegen in Richtung Westen. Wie viele von ihnen wohl wieder zurückgekommen sind?

Den ersten großen Luftangriff erlebten wir am 27. September 1944 im Keller unseres Hauses, ohne Licht und voller Angst. Unser Vater war zu diesem Zeitpunkt bereits in politischer Haft, weil er sich bereit erklärt hatte, politische Verantwortung nach dem Zusammenbruch des Nationalsozialismus zu übernehmen. Er sollte als Staatspräsident von Baden in politischer Verantwortung stehen, ein Amt, das dann Leo Wohleb überantwortet wurde, ein beredter Streiter für die badische Sache, ein bewährter Lehrer, der aus dem Stegreif Deutsch, Latein und Griechisch sprechen konnte.

Nach dem gescheiterten Attentat von 20. Juli 1944 wurde unser Vater noch in der Nacht von zwei „Freunden" aus dem Bett geholt und, wie ein Verbrecher, mit Handschellen abgeführt. Wir sahen ihn nie wieder.

Da es sich herumgesprochen hatte, dass unser Vater zum Widerstand gehörte, war es fast selbstverständlich, dass manche Personen uns ab da mieden, auch die Kinder auf der Straße.

Nach dem ersten Großangriff wurde uns geraten, Karlsruhe zu verlassen. So fuhren wir Kinder mit unserer Mutter auf fast abenteuerlichen Wegen in die Heimat unseres Vaters nach Oberschwaben, in die kleine Ortschaft Bachhaupten bei Ostrach, und besuchten die Schule im Nachbarort Tafertsweiler. Alle Klassen wurden in einem Raum unterrichtet. Für uns Stadtkinder eine völlig fremde Welt mit vielen Tieren, Landwirtschaft und ohne Angst vor Fliegeralarm. Später erfuhren wir, dass unter unseren Mitschülern auch Karl Lehmann war, der später Professor und Kardinal wurde.

Als wir nach dem zweiten Großangriff auf Karlsruhe, am 4. Dezember 1944, der vor allem der Weststadt galt, keine Nachrichten mehr von zu Hause bekamen, entschloss sich unsere Mutter, die abenteuerliche Reise zurück nach Karlsruhe zu wagen. Nach vielen Reiseunterbrechungen kamen wir an und stellten fest, dass unser Haus zwar beschädigt war, es aber keine Toten gegeben hatte.

Schwer getroffen war die Kirche St. Peter und Paul und im Pfarrhaus waren drei Geistliche umgekommen.

Wir waren in der Heimat, doch der Krieg war noch nicht zu Ende. Immer wieder sahen wir feindliche Flieger und abgeschossene Flugzeuge. Schulunterricht gab es keinen, denn es war ja alles zerstört. Wie hatte der große Diktator gesagt: „Geben Sie mir zehn Jahre Zeit, und Sie werden Deutschland nicht mehr wiedererkennen."

Es stimmte: Ganz Deutschland lag in Trümmern. Zu Beginn des Jahres 1945 leerte sich auch Karlsruhe. Es wurde sehr einsam um uns herum und das Leben vollzog sich eng gedrängt in den Kellerräumen. Das Ende des Krieges bedeutete für uns zunächst, wieder angstfrei auf die Straße gehen zu können. Den ersten Marokkaner sahen wir vom Kellerfenster aus, wie er mit dem Fahrrad an uns vorbeifuhr. Natürlich hatte der Volkssturm zur letzten Verteidigung seine Kanonen ringsum aufgestellt, die ein gefährliches Pulver enthielten, das meinen Bruder und seinen Freund lebensgefährlich verletzte.

Nach und nach bekam unser Haus wieder Fenster und die Marokkaner zogen in die oberen Räume, wilde Burschen, die von Hygiene keine Ahnung hatten. Inzwischen hatte auch in den immer noch zerstörten Räumen die Schule wieder begonnen und mein Weg führte mich ins Bismarck-Gymnasium, das auch immer noch halb zerstört war. Der Unterricht fand in muffigen Kellerräumen statt, die von Kanonenöfen beheizt wurden. Es gab weder Bücher noch Hefte und kaum Schreibzeug, aber wir hatten das Glück, Lehrern zu begegnen, die uns überzeugten. Aber es gab auch solche, die ihre Nazivergangenheit nicht verleugnen konnten.

Es muss das Jahr 1947 gewesen sein, als Schweizer Familien sich anboten, den Kindern von Widerstandskämpfern in der Schweiz eine Erholung zu schenken und so durften wir Geschwister in die Schweiz fahren, allerdings mit unterschiedlichen Zielen: nach Bern, Luzern und Celerina. Ein Aufenthalt, der drei Monate dauerte. Vorher waren wir auf Veranlassung von Erzbischof Dr. Konrad Gröber für vier Wochen in Friedenweiler untergekommen, damit auch unsere Mutter eine Auszeit für sich nehmen konnte.

Etwa in diese Zeit fällt auch der Besuch des ehemaligen Zentrumspolitikers und deutschen Reichskanzlers Josef Wirth in unserem Hause, eine Begegnung, die uns Kindern deswegen im Gedächtnis haften blieb, weil er uns etwas sehr Seltenes mitbrachte: Schokolade! Karlsruhe war, wie andere Städte, übersät von Trümmern und Ruinen. Die Aufräumungsarbeiten zogen sich lange hin und wurden unterstützt vom AAK-Bähnle (Adolf Alte Kämpfer), das auch an unserem Hause vorbeifuhr direkt zum Gymnasium, was uns zuweilen reizte, auf dem Puffer mitzufahren, was zwar verboten, aber schön war.

In den ersten Schuljahren nach dem Zusammenbruch gab es täglich die Schülerspeisung, ein Geschenk des amerikanischen Präsidenten Hoover und der Amerikaner. Es war nicht immer appetitlich, aber es stillte den Hunger, zumal die Lebensmittelkarten nur das Notwendigste garantierten.

Im Februar 1945 kam für mich die Zeit der Ersten Kommunion, auf die mich Pfarrer Dr. Richard Doldt vorbereitete, ein Priester, den mein Vater als Anwalt aus den Händen der Gestapo gerettet hatte. Er kam zurück nach St. Bonifaz, wo einige Leute lautstark zum Ausdruck brachten, dass ein Priester, der kein Nationalsozialist ist, im Grunde untragbar sei. Ich war damals der einzige Erstkommunikant und der Gottesdienst wurde im Herz-Jesu-Stift gefeiert. Damals wussten wir noch nicht, dass unser Vater bereits tot war.

Bei dem Angriff am 4. Dezember 1944 wurde die Geistlichkeit von Sankt Peter und Paul getötet und da ich Ministrant war, konnte ich bei der Beerdigung auf dem Karlsruher Hauptfriedhof ministrieren. Man hat von den Toten nicht mehr viel gefunden. Noch heute stehe ich manchmal vor ihren Gräbern.

Unsere Mutter legte großen Wert darauf, dass wir neben dem Schulunterricht im Konservatorium in der Jahnstraße Unterricht bekamen. Da ich immer ein Freund der Orgel war und heute noch bin und auf alle Fälle spielen wollte, musste ich dort vor Direktor Rumpf eine Prüfung ablegen und ich spielte ihm auf dem wohltemperierten Klavier etwas von Bach vor. Die Prüfung habe ich zwar bestanden, aber aus irgendwelchen Gründen kam es nicht zum Orgelspielen.

Während unserer Schulzeit hat unser Musiklehrer Erich Werner den Oratorien-Chor gegründet, dem ich beitrat und bis zum Beginn meines Studiums angehörte. Bis heute sind mir die Aufführungen des Stabat Mater von Dvorak, der Schlusschor der 9. Symphonie von Beethoven, seine Missa Solemnis und das Requiem von Giuseppe Verdi in Erinnerung geblieben. Als Schüler konnten wir für 50 Pfennig am Sonntagmorgen die jeweiligen Symphoniekonzerte als Vorkonzert der Badischen Staatskapelle besuchen. So erlebte ich unter anderem die Dirigenten Otto Mazerath und Alexander Krannhals.

Ausflüge mit der Klasse gingen nach Straßburg ins Europaparlament und zu einer schneereichen Freizeit in die Nähe des Feldbergs. Unsere Klassengemeinschaft blieb neun Jahre lang zusammen und wird heute noch gepflegt durch jährliche Treffen und Exkursionen, was allen Freude macht.

Als ich nach dem Krieg ein zusammengebasteltes Fahrrad bekam, konnte ich Karlsruhe in alle Richtungen erkunden. Es war sehr viel zerstört, und wenn ich heute da und dort in meiner Stadt unterwegs bin, gehen meine Gedanken zurück: Das war einmal alles zerstört!

Ich habe Karlsruhe nach dem Krieg zunächst ohne alle Aufgeregtheiten erlebt, selbst wenn einmal ein politischer Strauß ausgefochten werden musste. Zum Beispiel die Entscheidung für den Südweststaat oder die Wahl zum Oberbürgermeister mit den Kandidaten Günter Klotz und Franz Gurk. Obwohl ich auch andere Wahlveranstaltungen besuchte, kann ich mich nicht an persönliche Beleidigungen und billige Auseinandersetzungen ohne Niveau erinnern.

1945 verließ ich Karlsruhe, um in Freiburg Theologie zu studieren. Aber immer wieder in den Ferien bin ich nach Karlsruhe zurückgekehrt, um für das Weiterstudium Geld zu verdienen, am Finanzamt in der Moltkestraße und später am Zirkel. Die Arbeit in der KLV, die miserabel bezahlt wurde, ist mir in schlechter Erinnerung geblieben.

Während meines Studiums wechselte ich kurz nach Münster in Westfalen, um dann schließlich im Jahr 1961 in Freiburg die Priesterweihe zu empfangen. Damit begann mein aktives Berufsleben.

Im Jahre 2005 bin ich nach meiner Pensionierung wieder in meiner Heimatstadt Karlsruhe sesshaft geworden, die ihren Reiz für mich bis heute noch nicht verloren hat. Ich weiß, dass es Karlsruhe schwer hat gegenüber Stuttgart und wenn ich irgendwas bedauere, ist es die Tatsache, dass das alte Hoftheater, in dem ich noch „Hänsel und Gretel" und die „Puppenfee" als Kind erleben durfte, seinen schönen Platz am Schloss verloren hat.

Heute ist Karlsruhe wieder aufgebaut und eine begehrte Metropole und wird regiert von Oberbürgermeistern, die treu zu ihrer Stadt stehen. Dass es in meiner Heimatstadt eine große Straße gibt, die den Namen meines Vaters trägt und auf dem Karlsruher Hauptfriedhof ihm zu Ehren eine würdige Gedenkstätte geschaffen wurde, bindet mich noch intensiver an Karlsruhe.

Für mich ist es selbstverständlich, dass auch ich auf diesem Friedhof mit der wunderbaren Atmosphäre, wo auch unsere Familienangehörigen ruhen, meine letzte Ruhestätte haben werde. – So sind und bleiben wir in Karlsruhe weiter beisammen.

Ein Leben wie im Roman

Helmut Fricker

Manchmal sagen die Leute: „Helmut, du musst unbedingt dein Leben aufschreiben, was du und deine Ursula alles erlebt haben ... "

Das stimmt schon, ich habe hundert Geschichten zu erzählen und als kleiner Bub, der 1936 in Karlsruhe in die Nazizeit und die Kriegsjahre hineingeboren wurde, habe ich Jahre der Entbehrung erlebt und bewundere heute noch meine Mutter, die mit uns vier Kindern praktisch von der Hand in den Mund lebte. Unsere Wohnung in der Scheffelstraße wurde im Krieg ausgebombt und die Fenster mit Brettern vernagelt. Mutter wusste es nicht, ob Vater überhaupt noch lebte, bis er 1950 plötzlich aus russischer Gefangenschaft heimkehrte und vor unserer Haustür stand. Ecke Kriegs-und Scheffelstraße gab es die Blumenbinderei Hamm, die auch Obst und Gemüse verkaufte.

Helmut Fricker
Entertainer

Johanna Hamm, „die schöne Gärtnerin", wie sie die Karlsruher nannten, war eine energische Frau. Sie gab mir die Möglichkeit, mein erstes Taschengeld als Laufbursche zu verdienen. Ich habe Blumen ausgeliefert und beim Milch-Kiefer mit dem blechernen Milchkännle für sie eingekauft. Dafür bekam ich jede Woche eine Mark. – Später dann heiratete Johanna Hamm den Maler Otto Laible, der mich und meine Schwester Rosi porträtierte. Noch heute sehe ich das Bild vor mir, habe auch schon überall nach ihm geforscht, selbst im Museum in Haslach, aber ohne Erfolg. Nie vergesse ich den freundlichen alten Herrn, der später auch Direktor der Kunstakademie in Karlsruhe wurde und mit seiner Frau in einem kleinen Häuschen in Daxlanden lebte. Als ich mit meiner Frau Ursula später ein Haus in Mörsch bauen wollte, musste ich 2.000 Mark Eigenkapital erbringen. Wen sollte ich darum bitten? Da fiel mir der Maler ein, der mir ohne zu zögern das Geld gab, das ich ihm noch vor meiner späteren Auswanderung nach Amerika zurückbezahlte.

Mit 14 Jahren fing ich als Lehrling in der Buchbinderei Schick an und ließ mich zum Meister der Kunst-Buchbinderei ausbilden. Später wechselte ich dann als Industrie-Buchbinder zum Verlag G. Braun. Meine spätere Frau Ursula, mit der ich jetzt 57 Jahre lang glücklich verheiratet bin, lernte ich als 16-jähriges Mädchen in Rappenwört unter dem Dach des Milchhäusle kennen. Ihre Kollegin, mit der sie damals beim Geschirr-und Geschenkhaus Eberhard am Ludwigsplatz angestellt war, hatte ich auf dem Rosenball kennengelernt. Als die beiden eines Tages das Schaufenster dekorierten, kam ich zufällig vorbei und sie sagte zu Ursula: „Guck, da isch der widder vom Roseball ... " Und als ich kurze Zeit später in Rappenwört war und ein Regenguss einsetzte, flüchtete ich unter das Dach des Milchhäusle, sah Ursula und verliebte mich in sie. Die andere versuchte uns auseinanderzubringen, erzählte Ursula, dass ich sie geküsst hätte, aber das hatte sie nur erfunden, um uns auseinanderzubringen.

Sie war zwanzig, ich war dreiundzwanzig, als wir heirateten, ohne einen Pfennig Geld und mit Hilfe der Familie ein Haus in Mörsch bauten, das heute noch steht. Gemeinsam mit Ursula richtete ich dort einen Lebensmittelladen ein, der gut lief, bis der erste Supermarkt „Cash und Carry" eröffnete.

Sechs kleine Läden starben damals innerhalb eines Jahres. Wie mühsam hatten wir uns unser Haus erspart, jeden Nagel hatte ich auf der Straße aufgehoben und ihn gerade gebogen, jedes Stück Holz aufgesammelt, bei einem Architekten das Einschalen und Zementieren gelernt und nebenher machte ich noch Musik mit meiner Band, die wir „Ruck Zuck" nannten und mit der ich erfolgreich bei Karlsruher Veranstaltungen auftrat. Ich spielte Posaune, Trompete, Ziehharmonika – und singen und in die Bütt steigen konnte ich auch. Auch das Fotografieren und das Entwickeln der Bilder in meinem kleinen Labor benutzte ich dazu, um hin und wieder ein Foto an die Badischen Neuesten Nachrichten zu verkaufen. Wie stolz war ich, als unter den Pressefotos der Name Fricker stand. Nachts um drei bin ich noch in die BNN geradelt, wenn irgendwo ein Unfall war oder wie damals in der IWKA ein Feuer ausgebrochen war.

Die Musik aber, die wurde später, als ich mit meiner Frau und unseren beiden Kindern nach Amerika auswanderte, der Grundstein für meinen Erfolg als Entertainer und Tiroler Jodler in Lederhosen und Trachtenjanker im Tiroler-Spezialitäten-Restaurant. Bald schon hatte ich die Idee, gemeinsam mit dem Paulaner Bräu, das erste „Oktoberfest" in Denver auf die Beine zu stellen. Die Amerikaner waren so begeistert, dass ich schon bald das erste Fernsehinterview hatte und lange Berichte in den lokalen Zeitungen über mich erschienen. Ich konnte ja kaum ein paar Sätze Englisch und gestikulierte wie die Italiener mit Händen und Füßen. Aber zurück nach Karlsruhe. Dort habe ich bei meinen Auftritten als junger Musiker die Leute begeistert mit Texten wie:

Karlsruh wird, man weiß net wie,
bald e Weltstadt sei.
Früher lags bloß an der Alb
und heut liegts scho am Rhein.

Bald wird Schtuttgart oigemeint,
Pforze a, hajo,
Bade-Bade wart scho druff
Und scho isch'd Weltstadt do!

Und wie kam ich von Karlsruhe nach Amerika?

Unsere Nachbarn in Mörsch waren deutsche Frauen, die mit amerikanischen Offizieren verheiratet waren. Wir freundeten uns an und irgendwann konnten sie uns dazu bewegen, alles zu verkaufen und mit zwei Kindern, zwei Koffern und 85 DM unser Glück in Amerika zu versuchen. Meinen Beruf als Buchbinder übe ich in Amerika heute noch aus und meine Musik und mein Gesang im Nobelskiort Vail in Denver haben dazu geführt, dass der frühere Ex-Präsident Ford und seine Frau Betty, die in Vail ein Haus hatten, auf mich aufmerksam wurden. Ford lud einmal jährlich andere Politiker ein wie Helmut Schmidt und seine Frau Loki oder auch Giscard d'Estaing und viele andere berühmte Ex-Präsidenten. Meine Frau Ursula machte dann das Catering und ihre berühmte Linzer Torte und ich sorgte für das Entertainment. Einmal hatte ich die Idee, die ganze Runde zu mir nach Hause einzuladen, und alle sind gekommen.

KLAVIERSPIEL, KAKAO
UND SCHWEINSÖHRLE

Sonny Fuchs

Als ich am 17. März 1928 als zweite Tochter von Richard und Dora Fuchs in der Kriegsstraße 120 in Karlsruhe zur Welt kam, war meine ältere Schwester Eva schon sieben Jahre alt. Mich nannten sie Sonia, Senta, Fanny, obwohl mein Vater mich ursprünglich „Immogen" nennen wollte. Unser Dienstmädchen protestierte: „Aber Herr Doktor! Sie könne doch net in de Hof runner rufe, Immogen geh und hol mir en Handkäs!" So einigte man sich auf Sonia, Senta nach Richards Schwester, und Fanny nach meiner Urgroßmutter. Sie war die Frau von Hirsch Fuchs, dem Gründer der Holzhandlung H. Fuchs Söhne.

*Sonny Fuchs
Emigrantin*

Die Weltwirtschaftskrise war zu diesem Zeitpunkt ziemlich vorbei, und meinen Eltern ging es recht gut. Mein Vater war Architekt und sein Büro im ersten Stock der Kriegsstraße 120, wo heute das Ettlinger Tor-Einkaufscenter ist, hatte viele Aufträge.

Noch heute stehen einige seiner Häuser und Gebäude in Karlsruhe, unter anderem in der Moltkestraße und der Beiertheimer Allee. Dora hatte die Verantwortung für den Haushalt. Bei uns gab es immer viel Besuch: Bekannte, Verwandte und Freunde gingen ein und aus.

Der Fuchs Familienkreis war groß und man sah sich ziemlich oft. Jeden Sonntagnachmittag waren die Karlsruher Füchse bei Bernhardt, dem ältesten Sohn von Hirsch Fuchs zu Kaffee und Kuchen eingeladen. Es gab belegte Brote, Apfel- und Marmorkuchen. Schon als kleines Kind war ich in der großen Wohnung am Haydnplatz dabei. Die größeren Kinder saßen am Kindertisch und bekamen Kakao und Schweinsöhrle. Die Kleinen krabbelten unter dem großen Tisch herum und machten Unfug.

Richard war zwar Architekt, aber seine große Leidenschaft war die Klassische Musik und das Komponieren. Sicherlich wäre mein Vater manchmal lieber zu Hause geblieben um zu komponieren und Klavier zu spielen. In unserem Wohnzimmer im dritten Stock in der Kriegsstraße war ein großer Flügel, unter dem ich meine kleinen Autos auf den Perserteppichen herumschob. Ich kann mich erinnern, dass ich abends nie eingeschlafen bin, ohne Vaters Klavierspiel zu hören. Selbst im Büro hatte mein Vater ein Klavier, damit er rasch seine neu komponierte Melodie spielen und aufschreiben konnte. Seine Kompositionen wurden geschätzt, unter anderem auch von dem berühmten Dirigenten Wilhelm Furtwängler.

Die Eltern von Richard, Gustav und Claire Fuchs wohnten im zweiten Stock des Hauses. Bei ihnen lebte auch ihre Haushälterin, Fräulein Fischer, „'s Fischerle", und ein Dienstmädchen. Putzfrau, Waschfrau und Näherin kamen einmal pro Woche.

Wir vier wohnten im dritten Stock, wo auch unsere Köchin Maria und meine Kinderschwester Detta untergebracht waren. Die Küche war groß und schwarz-weiß gekachelt und jede Woche kam der Eismann und füllte den Eisschrank. Im Winter heizte Maria den Kachelofen im Wohnzimmer mit Kohlen. Wohnzimmer, Esszimmer und das große Schlafzimmer meiner Eltern hatten Parkettboden und darüber lagen Perserteppiche.

Eva und ich wohnten zusammen neben dem Elternzimmer. Auch wir hatten einen Kachelofen, breite Betten, zwei Pulte, einen Kleider- und einen Spielschrank und Nachttische mit Nachttöpfen. An der Decke unseres Zimmers hing eine richtige Schaukel. Maria und meine Kinderschwester Detta hatten ihr eigenes Zimmer im Hinterhaus.

Im vierten Stock wohnten Herr und Frau Fehr und Alois. Neben ihnen war der Speicher und darüber ein Dachgarten mit meiner Sandkiste. Mutters Liebe gehörte ihren Blumenkästen mit den leuchtend roten Geranien. Zu meinen Kindheitserinnerungen gehören auch die Spaziergänge im Nymphengarten, das Schaukeln auf den schweren Ketten rings um das Schloss und die Ausflüge nach Rüppurr oder zum Schwimmen nach Maxau. Manchmal fuhren wir mit der Straßenbahn und dann mit der Bergbahn auf den Turmberg, wo es Kaffee und Apfelkuchen mit Schlagsahne gab. Im Winter ging es dann in den Schwarzwald, auf den Dobel oder nach Herrenalb.

Als die Nazis an die Macht kamen, änderte sich alles schlagartig. Mein Vater wurde gezwungen, unser Haus für einen Apfel und ein Ei zu „verkaufen", und wir mussten Deutschland verlassen. Der Familie gelang es, nach Neuseeland auszuwandern. An einem strahlenden Sonntag kamen wir in Wellington an. Das Wasser im Hafen war spiegelglatt und im Hintergrund leuchteten die schneebedeckten Berge. Wellington ist heute eine kosmopolitische, kultivierte Großstadt, aber 1939 kam es meinen Eltern wie ein Dorf vor.

Keine Hochhäuser, kaum kulturelles Leben. Meinen Eltern gelang es, einen typischen Holzbungalow zu kaufen. Als zehnjähriges Kind war es für mich leicht, mich anzupassen, aber meinen Eltern fehlten die europäische Kultur, die Konzerte und die Restaurants.

Nach meiner Lehrerausbildung habe ich einige Jahre an Volksschulen unterrichtet und heiratete 1954 einen Lehrer.

Während unsere vier Kinder klein waren, blieb ich daheim und versorgte sie, wurde aber ab und zu am Rundfunk als Sprecherin verpflichtet. 1971 bekam ich eine Stelle als Deutschlehrerin an der NZ Correspondendence School, wo ich deutsche Radioprogramme, Tonbänder und Lehrbriefe verfasste. Nach einigen Jahren wurde ich Herausgeberin von Lehrbriefen und Tonbändern in allen Fächern und schrieb auch Kindergeschichten, die in Neuseeland veröffentlicht wurden.

Dreimal kam ich zurück nach Karlsruhe. Einmal nach einem Kurs im Goethe-Institut für Lehrer in München. Danach 2007 auf Einladung der Stadt Karlsruhe und von Oberbürgermeister Heinz Fenrich aus Anlass der Aufführung von Werken meines Vaters in Schloss Gottesaue. Mein Sohn hat bei dieser Gelegenheit einen inzwischen preisgekrönten Dokumentarfilm über die Architektur, die Aquarelle und die Kompositionen meines Vaters Richard Fuchs gedreht mit dem Hauptdrehort Karlsruhe und den vielen Stätten seines Wirkens. 2009 war ich dann wieder in Karlsruhe bei einem riesigen Familientreffen aller Fuchsens aus der ganzen Welt.

Obwohl Karlsruhe eine schöne Stadt ist, würde ich nie wieder dort oder sonst irgendwo in Deutschland leben wollen. Meine Schwiegerkinder und neun Enkelkinder sind wie ich auch Neuseeländer. Und wenn ich heute von meinem kleinen Holzhaus auf dem Berg durch die Bäume schaue, bin ich überwältigt vom wunderbaren Anblick des Meeres.

EIN GLÜHENDER KENNEDY-FAN

Hildegard Gerecke

Als echtes „Karlsruher Kind" bin ich 1951 hier geboren und habe bis zum Abitur im Jahr 1970 die Fächerstadt nie länger als für ein paar Urlaubswochen verlassen.

Meine ersten Lebensjahre habe ich in der Albsiedlung verbracht – dick befreundet mit dem Nachbarsjungen Rudi; natürlich wollten wir „heiraten, wenn wir groß sind". Doch als ich etwa vier war, bin ich mit meinen Eltern umgezogen in die Erzbergerstraße – und Rudi weit weg in eine andere Stadt.

Eine Wohnung in einem der damals neuen Häuserblocks in der Erzbergerstraße direkt am Hardtwald war vom etwa fünften bis dreizehnten Lebensjahr mein Zuhause. Zusammen mit zwei gleichaltrigen Mädchen, mit denen ich bis heute befreundet bin, und mit anderen Nachbarskindern habe ich von dort aus „die Welt erobert": den Sandkasten vor dem Haus, den angrenzenden Hardtwald (an das Überklettern des Stacheldrahtzauns zwischen Wohnblock und Wald erinnert mich bis heute eine kleine Narbe am Oberschenkel) und die Amerikaner-Siedlung. Dorthin lockten uns nicht nur die „Ami-Mess" und das leckere Eis, sondern vor allem die Spielplätze zwischen den dortigen Wohn-

Hildegard Gerecke
Polizeipräsidentin

blocks. In der Ami-Siedlung durften wir auch unbehelligt auf dem Rasen spielen, während wir von dem gepflegten „Grün" zwischen unseren eigenen Häuserblocks immer wieder von der Hausmeistersfrau vertrieben wurden.

Im Winter gab es Schneeballschlachten und Schlittenfahrten auf dem Grünstreifen der Erzbergerstraße, und wenn die Eltern ausgegangen waren, liefen wir in ihrem Schlafzimmer Rollschuh, bis sich die Nachbarn beschwerten.

Mit elf oder zwölf Jahren machten wir drei Freundinnen eine besondere Urlaubsreise innerhalb von Karlsruhe: Wir fuhren ohne unsere Eltern – in Reisekostümen und mit Reisekoffern – mit der Straßenbahn nach Daxlanden, wo wir im Haus meiner Großmutter, die auf Sylt weilte, ein paar recht abenteuerliche Ferientage verbrachten.

Von der Erzbergerstraße aus ging bzw. radelte ich auch vier Jahre lang in die Johann-Peter-Hebel-Schule, wo ich in einer gemischten „Volksschul"-Klasse nach der sogenannten Ganzheitsmethode Lesen, Schreiben und vieles mehr lernte, bevor ich 1962 ins Lessing-Gymnasium kam. Das „Lessing", damals noch ein reines Mädchengymnasium mit Latein als erster Fremdsprache, war gut acht Jahre lang (zwei Kurzschuljahre wegen Verlegung des Schuljahrsbeginns bescherten uns schon damals ein „G8") meine „schulische Heimat" – und noch weit mehr: Mit der einen oder anderen Mitschülerin bin ich bis heute eng befreundet. Wohnungsmäßig wechselte mein Zuhause 1964 von der Erzberger- in die Damaschkestraße in ein neu gebautes Atriumhaus südlich des Amerikaner-Flugplatzes. Dort lebte ich vom 13. bis zum 19. Lebensjahr ganz und später während der Semesterferien und an Wochenenden. Dort ging auch endlich mein Wunsch nach einem „Kuscheltier" in Erfüllung: Es war zwar nicht der ersehnte Hund, aber ganz süße Meerschweinchen (im Lauf der Jahre insgesamt etwa zehn), die im Garten des Atriumhauses ein geradezu paradiesisches Leben führen durften.

Und meine „kirchliche Heimat" war seit den fünfziger Jahren (und ist es bis heute) die Christuskirche. Dort wurde ich 1966 konfirmiert. Seitdem sind die Christuskirche und der Albert-Schweitzer-Saal aus meinem Leben nicht mehr wegzudenken.

Der Tanzstunde „beim Großkopf", zusammen mit einer Klasse aus dem Helmholtz-Gymnasium (damals ein reines Jungengymnasium), folgten ab 1967 viele unvergessliche Bälle, von denen ich den Luftwaffenball besonders liebte. Auch an die Bundesgartenschau habe ich manch schöne Erinnerung.

Meine gesamte Kindheit und Jugend – und auch mein späteres Leben – waren geprägt von einem wunderbaren, harmonischen Elternhaus. Sowohl mein Vater (obwohl kein gebürtiger Badener) als auch meine Mutter waren badisch liberal und sehr tolerant; sie ließen mir eine gewaltfreie, allerdings keine antiautoritäre Erziehung angedeihen. Und, wofür ich ihnen ganz besonders dankbar bin: Meine Eltern haben mir nie etwas befohlen oder verboten, ohne mir eingehend die Gründe dafür zu erklären.

Sie haben mich darüber hinaus, wenn immer möglich, an ihren Entscheidungen beteiligt. So hatte auch ich als Jugendliche ein Mitspracherecht, als es um eine eventuelle Versetzung meines Vaters nach Stuttgart ging – und natürlich haben wir uns gemeinsam für den Verbleib in Karlsruhe entschieden.

Da mein Vater seit 1951 Chef der Polizei in Nordbaden bzw. im Regierungsbezirk Karlsruhe war, lernte ich schon als Kind die „Polizeifamilie" mit ihren Besonderheiten und Reizen kennen und schätzen. Und wenn mich mein Vater zu Meisterschaften der Polizeihundeführer mitnahm, war ich wunschlos glücklich.

Meine Mutter, die ihren Beruf als Zahnärztin aus Gesundheitsgründen nicht mehr ausüben konnte, hatte fast immer Zeit für mich, während mein Vater vor allem im Urlaub und an Sonntagen für mich da war.

Besonders schön und stimmungsvoll war die Advents- und Weihnachtszeit. Wir saßen so oft wie möglich am Tisch mit dem Adventskranz, und mein Vater las eine Geschichte vor, während meine Mutter und ich Christbaumschmuck bastelten oder Plätzchen glasierten. Und wir hatten immer – von Heiligabend bis mindestens Ende Januar – einen Weihnachtsbaum bis an die Decke mit 36 echten Kerzen. Schon das Anzünden dieser Kerzen ließ die Weihnachtsfreude lebendig werden, und der Anblick des Lichterbaums war überwältigend.

Ein Ereignis, das mein Leben verändert und fortan geprägt hat, war das Attentat auf Präsident John F. Kennedy am 22. November 1963. Ich hatte mit meinen zwölf Jahren gerade angefangen, mich etwas für Politik zu interessieren und fand diesen jungen dynamischen Präsidenten richtig toll. Nach seiner Ermordung wurde ich zu einem glühenden Kennedy-Fan. Ich las von da an – als Einzige in meiner Klasse – regelmäßig Zeitung und setzte mich – leider vergeblich – für die Umbenennung einer Karlsruher Straße nach Kennedy ein. Doch mein Engagement brachte mir unter anderem die wunderbare Bekanntschaft mit dem damaligen Karlsruher Stadtrat und späteren Justizminister Traugott Bender ein.

Und ich beteiligte mich im Alter von 15 Jahren an einem Aufsatzwettbewerb der Lions-Clubs zum Thema Weltfrieden, bei dem ich einen zweiten Preis gewann. So fand ich mich auch zum ersten Mal mit Foto und Zitat in den BNN wieder.

Mein Wunsch, wie Kennedy Präsidentin der USA zu werden, ließ sich allerdings nicht verwirklichen. Immerhin: Präsidentin bin ich geworden – und das in meiner Heimatstadt Karlsruhe. Was will man mehr?

TRAUMVERHANGEN
Kindheit im Karlsruher Westen
Eckhardt Gillen

An die ersten Monate meines Lebens nach meiner Geburt am 21. April 1947, die ich mit meinen Eltern in einem möblierten Zimmer der Karlstraße verbrachte, habe ich verständlicherweise überhaupt keine Erinnerungen. Für diese Zeit gibt es nur einige Tagebucheintragungen meines Vaters, z. B. berichtet er am 13. Mai von einem Traumgesicht: „Eckhart-Johannes erscheint, spricht zu meinem Erstaunen mit mir, sagt: ‚Ich bin noch ein Teufelskind. Ich lache, wenn Du mich segnest‘. Er ist ja noch nicht getauft", tröstet sich mein katholischer Vater. Am 17. Mai notiert er: „Umstellung des ganzen Haushalts auf das Kind. Er lächelt, bereits seit Wochen, still vor sich hin, versunken in seine unergründliche Traumwelt."

Wie schon der Traum angekündigt hatte, schrie der kleine Täufling am Pfingstdienstag, den 27. Mai, „noch fürchterlich, als hätte er zehn Teufel loszuwerden, die sich wehren. Aber nach dem eigentlichen Taufakt war er feierlich still und wie selig."

Nach dem Umzug in die Moltkestraße 33 in der Weststadt noch im gleichen Jahr setzen langsam erste Erinnerungen an eine schöne Phase meiner Kindheit

Eckhardt Gillen
Kunstkritiker

ein, die für den gerade Neunjährigen 1956 mit dem Umzug in eine Neubauwohnung in der Klosestraße 35 am Stadtgarten endete. Wir wohnten in der Moltkestraße in einer Stadtvilla, die der Karlsruher Architekt Hermann Billing (1867–1946) um 1907/1908, ein Jahr nach der Geburt meiner Mutter, als Haus Billing (Bahls) erbaut hat. Sie stammt aus seiner Hauptschaffenszeit, in der die Orientierung an mittelalterlicher Architektur von den Formen des Jugendstils abgelöst wird. Das ganze Viertel zwischen Moltkestraße und dem halbkreisförmigen Haydnplatz und der nördlichen und südlichen Hildapromenade entstand zwischen 1900 und 1914. Die Anlage des Haydnplatzes von Heinrich Sexauer orientierte sich am englischen Crescent, wie z. B. den Royal Crescent in Bath. Hier wohnten vor dem Kriege meist Rechtsanwälte, Architekten, Künstler, Bankiers und Fabrikdirektoren.

Das klingt sehr nobel, aber meine Eltern gehörten nicht zu dieser Art Großbürgertum.[1] Diese soziale Zusammensetzung sollte sich nach dem Krieg rasch ändern. Die schöne Jugendstilvilla mit Skulpturenschmuck über dem Haupteingang, Terrasse, Wintergarten und Gartengrundstück an der Ecke Moltke- und Weberstraße wurde, wie viele andere Häuser in der Umgebung, nach dem Zweiten Weltkrieg ziemlich brutal in vier Wohnungen aufgeteilt.

Im Erdgeschoss zum Garten hin wohnte – es war nicht zu überhören – der Operettenchef des Karlsruher Staatstheaters, Huppert Thürmer, mit seiner attraktiven blonden Wiener Frau, die ich sehr verehrte. Neben uns waren Aussiedler aus den ehemaligen Ostgebieten untergebracht worden. Wir hatten eine für meine Eltern äußerst unpraktische, für mich aber pa-

---

[1] Der Vater meiner Mutter war einer der beiden Direktoren der Volksbank am Marktplatz. Meine Mutter leitete seit 1941 die Personalabteilung der Bank. Mein Vater aber war arbeitsloser Journalist und Schriftsteller. Auf seinen Wunsch kündigte sie ihre Stellung bei der Bank, bei der sie seit 1923 gearbeitet hatte, zum 15. Februar 1946.

radiesische Restfläche des Obergeschosses gemietet. Durch Umbauten war der repräsentativen Zimmerflucht ein kleines Badezimmer und eine Küche abgetrotzt worden. Parallel lief ein langer Flur auf mein Zimmer zu. Davor ging es in ein kleines Durchgangszimmer, in dem meine Mutter arbeitete und schlief, und das in das große Zimmer führte, das mein Vater bewohnte. Mit einem Podest abgetrennt, ging dieser Wohn- und Schlafraum meines Vaters direkt über in einen riesigen Wintergarten mit vier Meter hohen Fenstern, an denen entlang gemauerte Becken verliefen für allerlei Gummibäume und Schlingpflanzen, unter denen Heizungsrohre subtropische Temperaturen entwickeln sollten, was natürlich die Heizungskosten enorm in die Höhe trieb. Auch ein großer mit Pflanzen dekorierter Springbrunnen, in dem Goldfische schwammen, erinnerte an bessere Zeiten. An diesen Wintergarten schloss sich direkt eine Terrasse an, auf der die Glyzinien betäubend dufteten.

Da mein Vater lange zu schlafen pflegte, nach dem Mittagessen dann seinen Mittagsschlaf nahm und seine Theaterkritiken meist bis spät in die Nacht hinein schrieb, war etwa die Hälfte bis zwei Drittel der Wohnfläche die meiste Zeit blockiert. Meine Mutter im Vorzimmer musste immer leise sein und ich natürlich auch im Zimmer daneben.

Ich war der Einzige, der einen abgeschlossenen Raum für sich hatte, der mit zwei Fenstern zur Terrasse hin gelegen war. Dieser Raum verfügte über eine Raumnische mit Wäscheschränken, die mit einem Vorhang verdeckt war, der sich für die Einrichtung meines Kasperletheaters anbot, für das ich eigene Stücke schrieb. Zu den Schauplätzen der Handlung und die Einteilung der Akte ließ ich mich von den mit Tempera und Aquarell gemalten Bildern meines Onkels, des 1943 gefallenen jüngeren Bruders meiner Mutter, anregen. Es gab da z.B. im Stil japanischer Malerei ein großes Bild vom Fudschijama, das ich als Bühnenbild verwendete.

Sehr gerne spielte ich in diesem Zimmer Eisenbahn. Aus einem Nachttisch, einer Glühbirne und der Kurbel für die Rollläden des Wintergartens wurde ein nächtlicher Führerstand auf der Lokomotive. Dahinter lag das Schlafwagenabteil, in dem mein Vater auf einer unbequemen schmalen Holzbank mit Polster seinen Mittagsschlaf im abgedunkelten Zimmer nahm. Mit der Glühbirne als Scheinwerfer stellte ich mir vor, in einem Nachtexpress zu sein, in dem ich Zugführer und Steward zugleich war. Wenn er erwachte, bekam er, statt Frühstück, seinen Nachmittagskaffee in sein karges Schlafwagenabteil serviert.

In diesem Zimmer stand ein Teil der Bibliothek meines Vaters. Ohne Wissen meiner Eltern vertiefte ich mich in Wilhelm Buschs Geschichten von der frommen Helene und ihrem Vetter Franz, einem katholischen Priester, der nicht nur Helene auf der Wallfahrt Zwillinge beschert, sondern auch sonst einen ausgeprägten Hang zum Küchenpersonal entwickelt. Busch verdanke ich meine damalige Leidenschaft für Bildergeschichten.

Eine wunderbare Bühne meiner Spiele wurde für mich der Wintergarten und vor allem der Springbrunnen, in dem ich jedes Jahr Unmassen von Kaulquappen züchtete, die sich dann zum Leidwesen meiner Mutter als winzige Frösche blitzschnell in alle Ecken und Winkel der Wohnung verkrochen. Dazu kamen Lurche mit gelben und blauen Bäuchen, Feuersalamander, aber auch Gelbrandkäfer, die dann plötzlich spurlos verschwanden.

An manchen Abenden fühlte ich mich wie im Theater, wenn auf der Bühne des Wintergartens Musiker der Staatskapelle vor den Stuhlreihen mit geladenen Gästen im Wohn-Schlafzimmer spielten und Schauspieler aus Texten meines Vaters lasen. Damals führten meine Eltern ein geselliges Leben.

Wenn wir allerdings am Heiligen Abend alleine im Wintergarten unter dem Weihnachtsbaum saßen und mein Vater als Amateurgeiger, meine Mutter als geübte Sopranistin und ich irgendwie dazwischen versuchten, Weihnachtslieder zu singen, dann ging das regelmäßig schief, ganz einfach, weil wir nicht den richtigen Ton treffen konnten, mein Vater zu tief spielte, meine Mutter zu hoch sang.

In den Sommermonaten spielte ich gerne im Vorgarten an der Moltkestraße. Hier kam meine vom Vater geerbte Burg auf einem Plateau aus Gartenerde, umgeben von wassergefüllten Gräben, erst richtig zur öffentlichen Wirkung. Passanten und Spaziergänger bat ich um einen kleinen Obolus, der ihnen die schmiedeeiserne Gartentür zur Welt der Ritter öffnete.

Die ersten Schritte in die Umgebung unseres Hauses führten mich in den amerikanischen Kindergarten um die Ecke in der Beethovenstraße. Ich erinnere mich, dass ich im Gärtnerkostüm mit Schubkarre in einem Stück auftrat. Später kam ich in den katholischen Kindergarten neben der Herz-Jesu-Kirche in der Grenadierstraße hinter der Oberfinanzdirektion.

Einen weiteren Ort der näheren Umgebung liebte ich über alles: die verwinkelte Welt in der Sackgasse der Baischstraße, ein Ensemble aus sechs Wohnhäusern, zu dem man durch einen monumentalen, giebelständigen Torbau von der Stephanienstraße am Kaiserplatz gelangte. Die mächtige Mauermasse der vor- und zurückspringenden Fassade mit Motiven der Spätrenaissance erinnerte mich immer an eine Burg. Löwenköpfe und das Relief einer nackten Frau beflügelten meine Phantasie. In diesem Märchenreich, in dem der mir schon durch das Elternhaus vertraute Architekt Hermann Billing die einzelnen Häuser wie Individuen mit farbig gefassten Schindeln, Fensterläden, glasierten Majolikafliesen in einer Mischung aus mittelalterlicher Architektur und englischem Landhausstil ausstattete, wohnte mein bester Freund, ein schmaler, blonder, blasser Junge aus sehr wohlhabenden Hause. Er hatte alles, was meine Eltern sich nicht leisten konnten: Tretauto, Roller,

elektrische Eisenbahn etc., vor allem aber einen kleinen Film-
projektor, in den man kurze Filmstreifen durchlaufen lassen
konnte mit Comicszenen und Unmengen von Comic-Heften,
die zu Hause verboten waren: Mickey Mouse, Fix und Foxi ...

Schon etwas älter, bezog ich gerne mein Quartier am Brunnen auf dem Haydnplatz. Sein Figurenschmuck war im Gegensatz zur ursprünglichen Planung etwas zu klein geraten.
Der Weg dahin führte durch den einzigen fertig gestellten
Torbogen mit einem Brückenhaus über der Weberstraße. Die
anderen fehlten noch, wie überhaupt der ganze Platz dank
des unbebauten Grundstückes an der Mozartstraße etwas Zu-
giges und Offenes hatte. Hier hielt ich die Treffen meines
kleinen Dichterclubs ab. Mitglied konnte nur werden, wer
schon ein fertig geschriebenes Werk vorweisen konnte, sei es
ein Theaterstück oder eine Geschichte. Es gab daher außer
mir auch nur zwei Mitglieder. Elfriede Hasenkamp, die offi-
ziell als „Märchenerzählerin" für Karlsruher Volksschulen das
Fach „Märchenkunde" unterrichtete, war neben dem schrift-
stellernden Vater verantwortlich für meine ersten Schreibver-
suche, die ich handgeschrieben, mit eigenen Bunstiftzeichnun-
gen versehen, als 1. Band meiner gesammelten Märchenwerke
zusammengestellt hatte. Für eines dieser Märchen bekam ich
vom Direktor der Städtischen Büchereien und unserer „Mär-
chentante" einen Preis. Sehr stolz war ich über den Bericht in
der BNN vom 24. März 1958, der feststellte, ich hätte mit
meinem „Weihnachtsmärchen" den Vogel abgeschossen. Die
Geschichte „Wie die Zwerge das Christkind besuchten" spie-
gelt indirekt meine ersten Eindrücke an der Hand der Mutter in den Kaufhäusern und Passagen der Stadt, die dem verträumten Buben wie das leibhaftige Paradies erschienen, da
sie ihre Schätze schrankenlos wie auf Gabentischen den Blicken und Händen der Passanten offerierten: „Die Zwerge waren fast geblendet von so viel Gold und Silber. Überall sprangen kleine und große Engel und schienen sehr beschäftigt in

der Himmelswerkstatt ... Auf dem ersten Tisch sah man schon fertige Puppenwagen und Puppen, schöne Kleidchen für die Puppen und allerlei Tierchen aus Stoff; zum Beispiel Löwen, Elefanten, Tiger, Bären, Hasen, Affen ... Auf dem anderen Tisch standen Lokomotiven, Güterzüge aller Art, Personenzüge und Autos. Und was es da noch alles gab! Märklinbaukästen, Hebekräne, Bagger, Kaufläden, Puppenhäuser, Pferdeställe, Puppenküchen und schöne bunte Bälle. Das war aber noch lange nicht alles, die Zwerge wussten nicht, wo sie zuerst hingucken sollten. Und dann ging es eine Tür weiter in die Himmelsschneiderei. Da hingen schon überall herrliche Kleider von Samt und Seide, Röcke, Blusen und Mäntel. Für die Buben gab es Cowboyhosen und bunte Hemden dazu ..."

Das Märchen habe ich an Heiligabend 1956 meinem „lieben Papi gewidmet". Im gleichen Jahr ging diese Phase meiner Kindheit zu Ende. Tante Liesel, die Schulfreundin meiner Mutter in Amerika, schrieb auf einer der herrlichen überdimensionierten bunten Postkarten aus so fernen nie gehörten Orten wie Colorado Springs, Salt Lake City, Central Oregon oder Cleveland: „Hilf der Mutti nur schön beim Umzug" in die Klosestraße. Die dritte Volksschulklasse besuchte ich nun in der Südendschule und mein Gitarrelehrer, Ludwig Egler, der Bruder des Karlsruher Bildhauers Carl Egler, schrieb an meine Eltern: „Wir gehen seiner gewissen Traumverhangenheit mit unerbittlichem musikalischem Rhythmus zuleibe!"

„Nachsetzen, nachsetzen, nachsetzen"

Regina Halmich

Wenn ich an meine Kindheit in Karlsruhe-Daxlanden denke, so kommt sie mir ziemlich unspektakulär vor. Ich glaube, dass ich ganz einfach wie andere Kinder war, aber ein Wirbelwind und immer in Bewegung und glücklich, wenn ich raus durfte auf den Spielplatz in den Berggärten, der heutigen Vorderstraße. Dort lernte ich auch Katja kennen, eine meiner besten Freundinnen, mit der ich auch heute noch befreundet bin und mit der ich als Kind und junges Mädchen so einiges erlebt habe, was unsere Eltern nicht ahnten.

Sie ist nicht weit von mir in der Kirchstraße groß geworden, und eigentlich ist sie das Gegenteil von mir. Nach ihrer Ausbildung als Physiotherapeutin ist sie in die Stadt gezogen, hat zwei Kinder bekommen und sich dann ganz bürgerlich ein Haus mit Gärtchen in Daxlanden gekauft.

Wenn sie das liest, wird sie mit mir schimpfen, weil sich das alles ein wenig „spießig" anhört, aber sie wird es mir verzeihen. Es war halt immer so, wie ich es in meiner Autobiografie beschrieben habe. Sie war die Vorsichtige, die Behutsame, und ich immer das Kontrastprogramm und mit Volldampf voraus.

Regina Halmich
Boxweltmeisterin

63

(S. 42 ... noch Fragen?) Wir haben immer viel Quatsch gemacht, ich war die treibende Kraft und voller Energie. Ich hatte immer Lust auf Abenteuer und wenn ich was ausgeheckt hatte, war sie immer erst einmal zurückhaltend: „Darf man denn das?", und ich mit aller Überzeugung: „Natürlich, wir dürfen!"

Aber jetzt kehre ich erst einmal wieder zurück in die Zeit, als ich noch ein kleines Mädchen war und ich nicht ahnte, was das Leben mit mir vorhatte. Täglich marschierte ich mit den Nachbarskindern Martin, Christian und Vanessa brav in den Kindergarten Sankt Valentin in der Taubenstraße, drei Straßen weiter von unserem Haus entfernt. Hier in Daxlanden, dem malerischen alten Dorf am Rhein, wo mein Elternhaus steht, verbrachte ich dank der Fürsorge meiner Eltern eine behütete Kindheit.

Manchmal hat sich das kleine Mädchen gewundert, warum es so oft im Kindergarten abseits auf der Extrabank sitzen musste. Da hatte ich dann viel Zeit, darüber nachzudenken, was ich denn eigentlich verbrochen hatte. So richtig klar war mir das nie. Ich war einfach quirlig, wie meine Mutter sagt, und ruhig in einem Stuhlkreis sitzen mit meinem riesigen Bewegungsdrang, das war einfach unmöglich für mich.

Und wenn mich Mutter vom Kindergarten abholte, dann hatte das Fräulein Schwegle immer etwas über mich zu berichten und zu erzählen, was ich wieder angestellt hatte. Aber eines Tages war es Mutter zu viel und sie sagte: „Wenn Sie sich über Regina beschweren wollen, dann sagen Sie es einfach meinem Mann." Mein Vater ist seit über 35 Jahren ehrenamtlich bei den Maltesern tätig und sein Arbeitsplatz war über dem Kindergarten.

Meine sechs Jahre ältere Schwester Yvonne war ganz anders als ich. Ich war doch immer in Bewegung und sie puzzelte seelenruhig vor sich hin oder las stundenlang. Ich musste einfach immer in Aktion sein und drängte nach draußen ins

Freie, war glücklich, wenn wir in unserem Hof Tischtennis oder Federball spielten, aber mit Barbiepuppen habe ich auch gespielt wie andere Mädchen.

Kleine Mädchen sind oft sehr zurückhaltend, aber komischerweise war ich als Kind nie schüchtern und ließ mir nichts gefallen. Heute denke ich, dass dieser Charakterzug eine ganz wichtige Voraussetzung für meine Boxkarriere war und dafür, dass ich mich als Weltmeisterin im Fliegengewicht zu behaupten wusste und ungeschlagen blieb.

Wenn ich meine Schulzeit in der Daxlander Grund- und Hauptschule Revue passieren lasse, dann muss ich zugeben, dass es da keinen Lehrer oder eine Lehrerin gab, die mich besonders beeindruckt oder gefördert haben. Dabei war ich nach meiner Kindergartenzeit voll motiviert fürs Lernen und habe mich riesig auf die Schule gefreut, aber die Begeisterung hat mit den zunehmenden Pflichten wie Hausaufgaben machen und den Zwang zum Lernen rasch nachgelassen. Selbst den Sportunterricht habe ich nicht in guter Erinnerung behalten. Wir hatten da eine Lehrerin, die uns Schüler bei jeder Gelegenheit schmerzhaft zwickte. Das war ihre Art der Bestrafung, die mir und allen andern ausgesprochen unangenehm war.

Katja, die eine Klasse über mir war, blieb auch in der Grundschule meine beste Freundin. Was mir die Schule nicht geben konnte, das suchte ich in mehreren Vereinen. Auch mit Schwimmen habe ich es versucht, aber das war nicht das, was mich begeisterte, bis ich eines Tages durch Zufall in der Schule einen Flyer in die Hände bekam, der Anfängerkurse in Judo anbot. Meine Freundin Tanja nahm mich mit, und dort beim Judo erfuhr ich, dass man in der Daxlander Straße in einer Trainingshalle auch Karate machen konnte. Meine Freundin Katja schwärmte von Taekwondo, einer Sportart mit Boxhandschuhen, die mir mein Vater streng verboten hatte. So meldete ich mich für Karate an und traf Jürgen Lutz, den

Besitzer des „Bulldog Gym", einem Daxlander Fitness-und Trainingscenter, das es auch heute noch gibt. Ich war von Anfang an so begeistert von diesem Sport, dass ich darauf bestand, gleich in eine höhere Trainingsgruppe zu kommen als die, in die sie mich als Anfängerin einstufen wollten.

Ja, von da an wurde alles anders und ich habe in meinen Erinnerungen geschrieben, dass hiermit die große Wende in meinem Leben einsetzte und dass es für mich „der Sinn des Lebens" war und ich wie eine Besessene geübt habe. Jürgen hat schon bald herausgefunden, dass es da etwas gab, was mich magisch anzog, und das war das Kickboxen. Meine Eltern lehnten das ab, weil es da wirklich hart zur Sache ging. Und ich war doch erst dreizehn, aber ich habe gespürt, das ist es. Jürgen ist ein Mann mit Visionen, ein echter Fanatiker, ein Mann, der für den Kampfsport lebt und immer auf der Suche nach dem großen Talent ist. Er war der Wegbereiter meiner Karriere. Nie hat er lang taktiert und einfach nur wie mit dem Hammer gesagt: „Mach es!"

Man hat zehn Stunden trainiert, und er hatte schon den ersten Kampf vor Augen. „Miezel, bald geht es in den Ring", hat er eines Tages zu mir gesagt. Er nannte mich immer nur Miezel, ich bin ja auch keine Riesin mit meinen ein Meter sechzig und den 50 Kilogramm Fliegengewicht. Jürgen hat mir die Flausen in den Kopf gesetzt, und ich hab sie dankbar angenommen. Ja, ihm ging es einfach um den Kampf, und er war von Anfang an mein Verbündeter in Sachen Kickboxen, was meine Eltern ablehnten. Der Sport hat mich auch für die Berufsschule motiviert, weil meine Eltern mit mir ein Abkommen getroffen hatten: Wenn ich meine Lehre als Rechtsanwaltsgehilfin durchziehen würde, dann sollte auch dem konsequenten Training für das Kickboxen nichts mehr im Wege stehen (sinngemäß Zitat S. 36). Ich war die einzige Frau in einer Gruppe von Männern. Mein Vorbild war die Berta, ein 18-jähriges Mädchen, das Jürgen in „Wendi" umgetauft hatte.

Als ich sie zum ersten Mal kämpfen sah, dachte ich: Das will ich auch! Für mich war das der Wendepunkt. Mit 14 oder 15 Jahren wusste ich schon, dass ich mein Leben nach dem Kampfsport ausrichten würde. Als meine Eltern in Urlaub fahren und mich mitnehmen wollten, stimmte ich zu unter der Bedingung, dass ich Lucia Rijker in Amsterdam im „Boxgym" aufsuchen durfte. Welches junge Mädchen fährt in diesem Alter noch gern freiwillig mit seinen Eltern in Ferien, aber der Gedanke, ins Kickbox-Mekka Holland zu fahren, der faszinierte mich. Ich war froh, als sie zustimmten, und sehe noch heute die Augen meiner entsetzten Eltern vor mir, als sie ins Boxgym kamen und die riesigen schwarzen Kerle sahen, die die schräge, enge Treppe herunterkamen, ein Schwarzer nach dem anderen. Aber ich war einfach nur glücklich.

Kurz bevor ich meine letzte Prüfung als Rechtsanwaltsgehilfin ablegte, bekam ich schon meine erste WM-Chance in Las Vegas im Frauenboxen. Damals verlor ich durch technisches K.O. Für meine Eltern war das alles schrecklich, die riesigen Risswunden in meinem entstellten Gesicht, die Blutblasen und die geschwollenen Lippen. Ja, die Frauen sind verbissener beim Kampf, verbissener noch als die Männer. Ich habe ja auch meine Kämpfe mit Verbissenheit geführt, auch wenn das spielerisch aussah. Man darf einfach nicht empfindlich sein. Von Anfang an war mir klar, mit Gutmütigkeit beim Kampf verliert man. Wenn man trifft, dann heißt es: Nachsetzen, nachsetzen, nachsetzen!

Nach meinem verlorenen Kampf war ich eine Weile wie am Boden zerstört, aber verbittert war ich nicht. Schon bald packte mich wieder der Ehrgeiz, ich gab nicht auf. Bis heute nicht, nachdem ich zur ungeschlagenen Weltmeisterin im Fliegengewicht avanciert bin, zur „besten Boxerin Europas" und zur ersten Profiboxerin Deutschlands.

Ich bekam meine zweite Chance – und dann wurde ich Weltmeisterin. Und als ich zurückkehrte nach Daxlanden zu meinen Eltern, da war die ganze Nachbarschaft auf den Beinen und jubelte mir zu.

Die Feuerwehr spielte und es gab ein Riesenfest mit Sekt und Brezeln und ich begriff, dass dieser 10. Juni 1995, als ich die Weltmeisterschaft gewann, auch irgendwie das Ende eines Lebensabschnittes war. Ich bin stolz auf meine sieben Weltmeistertitel. Ich kenne das Showgeschäft und die Glitzerwelt, aber ich bin dankbar für mein gutes Elternhaus und für alle Freunde: Es stimmt schon, Karlsruhe hat mich geerdet.

WEIHNACHTEN WERDE ICH BEI EUCH SEIN

Gerlinde Hämmerle

Meine Schwester und ich sind in Wolfach im Schwarzwald aufgewachsen, weil mein Großvater dort Bürgermeister war. Es war Krieg und aus Sicherheitsgründen evakuierte man Frauen und Kinder aus Großstädten aufs Land. Vater kam erst 1954 aus russischer Gefangenschaft zurück. Meine Eltern waren aus der Kirche ausgetreten, was im kleinen Wolfach ein Skandal war, zumal Vater Mitglied der Zentrumspartei war.

Hinzu kam, dass Mutter eine evangelische Schwäbin aus Marbach war. So blieb sie in Wolfach eine Fremde. Meine Schwester und ich besuchten den katholischen Kindergarten und später den katholischen Religionsunterricht, obwohl wir beide nicht einmal getauft waren. Die Zeit rückte näher, wo wir wie andere Kinder zur Erstkommunion gehen sollten und der damalige Stadtpfarrer, ein gütiger Menschenfreund mit langer Soutane und schwarzem Käppchen, kam zu Mutter. „Wenn ihr Mann nicht zurückkehrt, haben ihre Kinder hier ohne Taufe keine Chance", erklärte er. Der Familienrat aus Mutter, Oma und Tante kam zusammen, alle waren sie evangelisch! Nach anfänglichen Protesten beschlossen die drei Frauen, dass wir Mäd-

Gerlinde Hämmerle
Regierungspräsidentin

chen aus Vernunftgründen getauft werden sollten. Noch heute spüre ich, wie mir das Taufwasser über das Gesicht läuft, und ich sehe mich in dem blauen Kleid mit den aufgenähten roten Knöpfen, das ich damals trug, dem Kränzchen auf dem Kopf und den blonden Zöpfen.

Wie sollten wir das aber unserem Vater mitteilen, der noch immer in russischer Gefangenschaft war? Er war zwar kein Atheist, aber ein Kirchenhasser und zum Frühstück hätte er am liebsten ein Pfäffle verspeist. Wir kamen dann auf die kluge Idee, einfach das Kommunionbild nach Russland zu schicken, und so wurde es gemacht. Ich sehe die Päckchen und die perforierten Grußkarten mit der aufgedruckten Lageradresse in kyrillischer Schrift noch heute vor mir. Zehn Jahre lang schrieb Vater immer wieder voller Hoffnung: „An Weihnachten werde ich bei euch sein!"

Ich war vierzehn und meine Schwester sechzehn Jahre, als Vater aus Russland heimkehrte. Jede Woche wurden im Radio Listen mit den Namen der Heimkehrer, die nach Friedland kamen, vorgelesen. Eine Nachbarin läutete bei uns an der Haustür: „Hilde", rief sie, „der Max kommt, ich habe es im Radio gehört!" „Ich glaube das erst, wenn ich das Telegramm in den Händen halte", sagte meine Mutter.

Aber dann war es doch soweit, und wir Mädchen machten uns auf in das sechs Kilometer weit entfernte Schiltach, um unserem Vater mit dem Zug ein Stück entgegenzufahren. Mutter war schon vorausgefahren, stand am Zugfenster und neben ihr ein Skelett, mein Vater. „Glaubst du, das ist er?", fragte meine Schwester.

Vaters Heimkehr bedeutete für uns alle eine Riesenumstellung. Er war aber so klug und spielte nicht das Familienoberhaupt: „Ihr seid von eurer Mutter und eurer Oma aufgezogen worden", sagte er, „und die haben das hervorragend gemacht. Wenn ihr etwas wollt, dann fragt ihr auch in Zukunft immer zuerst eure Mama." So blieb das dann auch, und das hat uns Mädchen sehr beeindruckt.

Mein Vater kam im Januar 1954 aus Russland zurück, und im September 54 zogen wir nach Karlsruhe.

Die Wolfacher verabschiedeten uns mit Blasmusik und Girlanden, und in Karlsruhe war Vaters altes Büro geschmückt, als er zurückkehrte, und auf dem Stuhl saß seine ehemalige Sekretärin und im Schrank hing noch sein alter Talar. Das war in der Staatsanwaltschaft in der Stephanienstraße neben dem Landgericht. Oft hieß es: „Seid ruhig, seid still Kinder, Vater hat Verhandlungen!" Und Vater sagte: „Ich kann niemanden mehr verurteilen. Ich war zweimal zum Tode verurteilt und zweimal zu 25 Jahren lebenslänglich. Ich kann das nicht. Ich sehe immer nur den Stacheldraht vor mir." Ein Freund riet Vater, sich beim Landratsamt zu bewerben. Damals wurde das Kernforschungszentrum unter Landrat Gross gebaut und niemand protestierte. Vom Landratsamt kam Vater zum Regierungspräsidium in die Abteilung für Kommunalrecht. Das hat er gut gemacht, und ich hatte es später in meiner Funktion als Regierungspräsidentin manchmal mit Männern zu tun, die mein Vater als junger Bürgermeister noch unterrichtet hat.

Papa war eine richtige Vaterfigur und die Bürgermeister kamen zu ihm mit allem, was sie bedrückte. „Buwe", hat er zu ihnen gesagt: „Ihr könnt doch kein Clubhaus baue, ihr habt doch kei Geld!" Und wenn sie dann sagten: „ ... deshalb sind wir ja hier, dass Sie uns helfen", dann hat er es auch versucht und oft eine Lösung gefunden. Beim Sport war es früher so, dass die Fördermittel vom Regierungspräsidium zugeteilt wurden, die es dann an die Vereine verteilten. Heute verteilen die Verbände die Gelder an die Vereine, was weniger gut ist.

Damals wohnte unsere Familie in der Steinbergstraße in der Oststadt. Ich wurde in die Fichteschule geschickt, was für mich eine echte Horrorveranstaltung war. Ich war ein Kind, das lieber in den Wald als in die Schule ging, und als die Direktorin, Frau Schlechter, bei der Anmeldung sagte: „Du wirst einen neuen Vorsatz fassen", da trat mir Papa unter dem Tisch auf den Fuß, dass ich am liebsten laut gejault hätte. Mit Wehmut dachte ich zurück an mein altes Gymnasium in Hausach mit den modernen, jungen Lehrern, an unsere grandiosen Schulaufführungen wie „Ali Baba und die 40 Räuber" mit der Musik von Cäsar Bresgen, an die herrlichen Chöre mit Händels Halleluja, und dann dieser Kontrast. Lina Fertig hieß meine Karlsruher Musiklehrerin und die Begrüßung lautete: „Sing mir mal eine Kadenz!" Aber ich hatte doch keine Ahnung von Musiktheorie. Nach der Mittleren Reife verließ ich das Gymnasium und dachte: „Ihr könnt mich mal ..."

Ich ging dann in die Frauenfachschule in der Graf-Rhena-Straße. Das war ein richtiges Paradies, wo ich Kochen und andere technische Fertigkeiten lernte. Eine Schule für Herz und Hand, in der ich meine praktischen Fähigkeiten einsetzen konnte. Nach dem Abschluss der Schulzeit studierte ich in Stuttgart an der Berufspädagogischen Hochschule. In der Landeshauptstadt mietete ich mir mit meiner besten Freundin aus Blankenloch ein möbliertes Zimmer bei einer alten Dame. Oft haben wir unser letztes Geld für einen blühenden Kirschzweig zur Verschönerung unseres Zimmers ausgegeben; lieber nur ein belegtes Brötchen essen, als auf Schönheit verzichten, lautete unsere Devise. Schönheit, dafür gaben wir unser letztes Geld aus. Das musste sein und auch die Poesie. Damals lernte ich, beflügelt von einer mitreißenden Dozentin, Gedichte und Balladen. Und später, wenn ich auf einsamen Nachtfahrten nach Wahlkämpfen am Steuer nicht einschlafen durfte, trug ich meinem Hund Balladen vor, der dann immer ergeben den Kopf senkte, wenn ich anfing, ihm meine Gedichte zu rezitieren.

Ich wurde Lehrerin an Berufsbildenden Schulen und war mit meinen 23 Jahren kaum älter als meine Schüler. Meine Ausbildung war lebensnah mit mehreren Praktika in Großküchen, Kliniken, im Privathaushalt, aber auch in der Jugendgerichtshilfe. Es passiert mir auch heute noch, dass ich ehemalige Schülerinnen treffe, die von weitem grüßen und mir zurufen: „Ach Frau Hämmerle, war das schön bei Ihnen, damals!" Weder als Stadträtin noch als Bundestagsabgeordnete noch später als Regierungspräsidentin habe ich den Bezug zum wirklichen Leben verloren. Ich bin froh darüber, dass ich als Lehrerin 25 Jahre lang im Umgang mit jungen Menschen erfahren durfte, was im Leben wichtig ist und was wirklich zählt.

Am Anfang war „Motigutsch"

Andreas Hirsch

Es ist schon erstaunlich für einen Reiseveranstalter, dass er nie von Karlsruhe weggekommen ist, also anderswo gewohnt oder gearbeitet hat, obwohl er heute noch davon träumt, irgendwo in Amerika, vielleicht in seiner Traumstadt New York zu leben. Mein Bruder Mathias und ich sind in Karlsruhe geboren, und ich habe nie woanders gelebt, im Gegensatz zu meinem Bruder, der in Mannheim studiert hat und auch heute dort mit seiner Frau und Tochter lebt. So haben Mathias, der heute in unserem Unternehmen der kaufmännische Leiter ist, und ich beschlossen, dass ich über unsere Kindheit und Jugend in unserer Heimatstadt Karlsruhe erzählen werde. Mein Vater hat das Unternehmen vor über 60 Jahren gegründet, dessen technische Leitung mir übertragen wurde.

Eigentlich beginnt unsere Firmengeschichte schon 1945, als mein Vater, Heinold Hirsch, die Idee hatte, der amerikanischen Armee einen ausgemusterten Sanitätswagen abzukaufen. So war er Fuhrunternehmer und hatte einen Bus, den die Familie „Motigutsch" nannte. Rechts und links im Innenraum baute er Bänke ein, deren Sitze man hochklappen konnte. Damals studierte Papa Jura

*Andreas Hirsch
Reiseveranstalter*

in Heidelberg, hatte schon ein kleines Fuhrunternehmen und schlief manchmal während der Vorlesungen ein, weil er schon um drei Uhr morgens Zeitungen für die Amerikaner ausgefahren hatte.

Meine Tante Esther studierte Kunstgeschichte in Freiburg, schrieb Referate über das Südportal des Straßburger Münsters und trug sie ihrem Bruder Heino vor, damit er die entsprechenden kritischen Anmerkungen machen konnte. Als Tante Esther ihre Seminararbeit abgeschlossen hatte, fragte mein Vater: „Und jetzt, was machst du mit deiner Arbeit?" Als ihm Esther erklärte, dass sie ihr Werk in den Schrank stellen werde, protestierte mein Vater: „Da machen wir eine Fahrt nach Straßburg draus und du erklärst den Gästen das Münster!" Das war die erste „Studienreise" der Firma Hirsch 1948.

Ich kam 1962 zur Welt, als mein Bruder schon fünfeinhalb Jahre war, und wuchs in der Kaiserstraße 104 über dem Ledergeschäft „Goldpfeil" auf. In den ersten Jahrzehnten ging es ausgesprochen sparsam bei uns zu, denn unsere Eltern hatten ja bei Null angefangen. Unser Ladengeschäft war durch einen Vorhang von der Privatwohnung abgetrennt und so bin ich von Kindesbeinen an im wahrsten Sinne des Wortes in unser Geschäft hineingewachsen. Meine Mutter erinnert sich noch, wie ich als kleiner Bub von hinten her auf ihren Bürostuhl geklettert bin und sie umarmt habe, ein Anblick bei dem unsere Kunden dahinschmolzen. Es sah so aus, als ob ich sagen wollte: „So Mama, jetzt reicht es aber." Aber damals gab es keine andere Alternative für Mama, nicht einmal gedanklich. Meine Mutter war ausgebildete Krankenschwester und ihr Herz schlug im Grunde für Textilien und das Kunsthandwerk. Trotzdem verschrieb sie sich 30 Berufsjahre ganz und gar dem Wohlergehen des Unternehmens. An gemeinsame Urlaube mit unseren Eltern war nicht zu denken. Als ich zwölf Jahre alt war, sind wir einmal über ein langes Wochenende gemeinsam nach Nimes gereist, aber sonst fuhren wir entweder nur mit Papa oder mit Mama in die Ferien, weil es bei uns keine Betriebsferien gab. Als Kinder empfanden wir das ganz normal und es hat uns auch nicht geschadet. Sonntags trafen wir uns immer mit der Familie meiner Tante Esther Schuler, die zwei Töchter, Petra und Renate, hatte. Dann spielten wir Buben ausgiebig mit unseren Cousinen, und manchmal machten wir auch einen kleinen Ausflug auf die „Völkersbacher Wiese", wo wir zusammen Federball spielten und uns Wortspiele ausdachten.

Unser Vater war von 1958 bis 1980 Reiseleiter und in der Saison nie daheim. Sonntagabends kam er dann zurück, montagsfrüh fuhr er mit einer neuen Gruppe wieder fort oder wechselte unterwegs von einer Reise zur nächsten. Das war für unsere Mutter und uns Kinder bestimmt nicht einfach. Mutter hat das Reisebüro geleitet und uns Buben erzogen, während Papa morgens immer der Erste im Bus war, was seine Kunden immer sehr beeindruckt hat. Sie schätzten Papas Reiseleitung, mit der er den guten Ruf unserer Firma begründet hat.

Als Kind hat es mich auch besonders geformt, dass ich in den Ferien mitreisen durfte. Ich erinnere mich noch an Fahrten nach Paris, in die Bretagne oder nach London, es hat in mir die Freude am Unterwegssein geweckt. Das war eine andere Kindheit als bei meinen Klassenkameraden. Für irgendwelche Rituale, die es in anderen Familien gibt, hatten wir keine Zeit, aber das ist wohl bei allen so, die beruflich mit Mobilität zu tun haben. Mathias und ich gingen ins Bismarckgymnasium, lernten Latein und Griechisch und machten dort unser Abitur.

Was ich werden wollte, wusste ich nicht, und das Fach Maschinenbau, das mich interessierte, wagte ich wegen der vielen Mathematik nicht zu studieren. „Versuch es doch mal mit Kunstgeschichte", schlug mir Papa vor. In einer Kafka-Vorlesung im 1. Semester lernte ich meine spätere Frau Martina kennen, und 1983 zogen wir mit einem Freund in eine WG in der Luisenstraße 15 gegenüber vom damaligen Parkhotel ein.

Kunstgeschichte machte mir Spaß und interessierte mich, aber das Herzblut fehlte. Und einmal, als ich eine Arbeit über Albrecht Dürers Melancholia II schrieb und mich redlich mühte, schoss mir plötzlich der Gedanke durch den Kopf: Das kann doch nicht dein Leben sein! Kurz entschlossen sattelte ich um auf Kfz-Technik, für die mein Herz schlug. Bei der AVG absolvierte ich meine Lehrzeit und erhielt sogar einen Buchpreis, den einzigen meiner Schulzeit. Das war mein Ding, die Kraftfahrzeugtechnik! Das war mein Leben und ist es heute noch. So bin ich seit 1986 zuständig für unseren Fuhrpark, habe Erfahrung mit Busreparaturen und bin mit der Zeit auch in die Informationstechnologie hineingewachsen, was mir als Unternehmer zugute kommt, während mein Bruder, der Betriebswirtschaft studiert hat, den kaufmännischen Bereich von „hirschreisen" betreut.

Je älter ich werde, umso mehr muss ich an meinen Vater denken. Er wurde im Februar 1945 als Kind mit seiner Schwester Esther nach Theresienstadt deportiert, wo sie gefoltert und misshandelt wurden. 1945 kehrte er zurück nach Karlsruhe, baute sein Unternehmen auf und erwarb sich als Kulturbotschafter einen so guten Ruf, dass er 1988 die Verdienstmedaille der Bundesrepublik Deutschland für seine kulturellen Leistungen erhielt. Ich frage mich, woher er die Kraft genommen hat, diesem Deutschland nicht den Rücken zu kehren. Vater war ein Mann des Friedens, weltoffen und versöhnend, ebenso wie es unsere Mutter ist. Diesen Geist haben sie uns vererbt und dafür bin ich sehr dankbar. Und wenn ich einen Wunsch frei hätte, dann würde ich reisen, reisen, reisen…

Es begann am Scheffelplatz

Friedrich Georg Hoepfner

Aufgewachsen bin ich im Haus meiner Großeltern beim Scheffelplatz. Später, am Ende der 50er Jahre, sind meine Eltern mit meiner Schwester Andrea und mir in die Weststadt gezogen. Ich war in der Hebelschule, später im Bismarck-Gymnasium.

Mein erstes Fahrrad, mit dem ich auch in die Hebelschule fuhr, wurde eines Tages gestohlen. Mein Freund Hans hat es dann in der Kaiserstraße wiedergefunden. Wir haben es uns einfach wiedergeholt, damals, ohne die Polizei zu benachrichtigen. Spätere Fahrräder litten dann weniger unter Fremdeinwirkung als vielmehr unter der rauen Behandlung und den vielen Ausflügen auch in entferntere Stadtteile, die meiner Mutter stets unangenehm waren. Sie legte vergeblich größten Wert darauf, dass ihr Sohn immer pünktlich zum verabredeten Zeitpunkt wieder zu Hause erschien ...

Friedrich Georg Hoepfner Kunstmäzen und Unternehmer

Der Vater meiner Mutter war Dr. Richard Wunderlich, der nach kriegsbedingter Aufgabe seiner Tätigkeit als selbstständiger Chirurg nun mehr als praktischer Arzt arbeitete. Eine schöne Szene, die wohl vielen Patienten ähnlich in Erinnerung geblieben ist, wurde mir vom Vater eines Freundes wie folgt beschrieben: „Nach einer ausführlichen Untersuchung mit Blutdruckmessen, Abklopfen, Abhören usw. lud Dr. Wunderlich mich ein, mich vor seinen Schreibtisch zu setzen. Er schaute mich aufmerksam an, holte sich dann in Ruhe eine Zigarre, zündete sie sich an, lehnte sich zurück und sagte: ‚Als Erstes muss ich Ihnen einmal das Rauchen verbieten!‘ Dabei paffte er einen großen bläulichen Zigarren-Kringel in die Luft." Die Patientenkarten wurden durch Schwester Johanna noch von Hand geführt. Sie schrieb mit einer steilen, für uns Heutige kaum noch lesbaren Schrift, mit Feder und Tinte. Mein Großvater hatte Zeit für jeden Patienten – so war er sehr beliebt, wurde aber nie reich. Aber das war auch nicht sein Ziel.

Die Vorfahren meiner mütterlichen Großmutter waren Bürgermeister von Donaueschingen und Landtagsabgeordnete gewesen. Ludwig Kirsner war sogar Präsident des Badischen Ständehauses in Karlsruhe, des ersten deutschen Parlaments. Meine Großmutter hatte bessere Zeiten gesehen, aber durch den Ersten Weltkrieg und die Inflation hatte die Familie alles verloren. Dennoch war sie stets energisch, guter Dinge und voller Tatendrang. Zu ihren wichtigsten Aktivitäten gehörte der Richard-Wagner-Verband, den sie über Jahrzehnte hinweg leitete. Dort wurden Stipendien an junge Opernsänger vergeben. Ein großes Problem für die jungen Künstler waren jedoch nicht nur die Finanzen, sondern Knappheit an Übungsmöglichkeiten. So durften die Künstler eben in der Jahnstraße bei Frau Wunderlich üben, und ich hatte das Glück, in einem Haus aufzuwachsen, in dem die Musik „in der Luft lag". Fast täglich konnte man aus dem „Salon" im Erdgeschoss, der eigens für diese Zwecke hergerichtet war, Klavier oder Gesangsstimmen hören. Manchmal habe ich mich auch dazugesetzt und einfach den schönen Sängerinnen mit großen Augen gelauscht.

Höhepunkte unseres musikalischen Lebens waren die häufigen Hauskonzerte, bei denen die jungen Stipendiaten der Öffentlichkeit und eventuell auch späteren Berufskollegen und Agenten vorgestellt wurden. Immer zu Weihnachten fand ein großes Singspiel statt, in dessen Organisation die ganze Familie eingebunden war: Meine kreative Großmutter schrieb das Libretto, verpflichtete die jungen Künstler, lud die Gäste ein und kümmerte sich um alles, während meine organisatorisch stärker begabte Mutter dafür sorgte, dass angesichts dieser vielen gleichzeitig durchgeführten Aktivitäten noch ein roter Faden einigermaßen sichtbar blieb und die großen Projekte in der Praxis auch funktionierten. Außerdem hatte meine Mutter stets größere Rollen im Singspiel, während ich eher auf Statistenrollen beschränkt war oder meinem Großvater beim Aufbau der selbstgebauten Kulissen helfen durfte.

Meine Großeltern hatten auch einen kleinen Garten, in dem ich viel mit den Nachbarsjungen gespielt habe. Unsere Spiele waren ja meistens harmlos, aber wir hatten auch ein kleines Lager mit Munition aus dem Zweiten Weltkrieg gefunden, das wir vor den Eltern streng geheim hielten und zeitweise einmal die Woche ausgruben, intensiv untersuchten und dann wieder im Boden versenkten. Eines Tages kam mein Großvater dazu und dann war natürlich Schluss mit den Kriegsspielen. Überhaupt war der Boden im Garten eine Quelle des Interesses. Heute noch könnte sich dort ein damals von meiner Mutter sehr geliebter Smaragdring befinden. Sie verlor ihn, als wir Kinder sie „überfielen" und nach Indianermanier an einen Baum fesselten. Anfangs spielte sie freiwillig mit und später konnte sie nicht mehr weg, während wir um sie herumtanzten und schaurige Gesänge aufführten. Bei dieser Gelegenheit muss der Ring sich wohl gelöst haben – wir haben ihn jedenfalls nie wieder gefunden.

Ungefähr 1956 war der Winter so kalt, dass die Regierung sogenannte Kohleferien ausrief. Um die Heizkosten der öffent-

lichen Gebäude zu sparen, wurde die Schule kurzerhand geschlossen. Für uns war es ein Glück, denn mein Vater nahm
sich ebenfalls Urlaub und die ganze Familie fuhr zum Skifahren in die Schweiz. Dort war es zwar auch kalt, aber man
hatte wenigstens etwas davon.

So habe ich schon früh Skifahren gelernt und hätte vielleicht noch viel mehr üben können, wenn ich nicht regelmäßig krank geworden wäre: Meine Schwester und ich haben
Keuchhusten in St. Moritz gehabt, die Grippe in Hinterzarten,
Masern in Verbier, Durchfall in Zermatt, Bronchitis auf dem
Feldberg usw. Mein Vater, der teilweise in der Schweiz aufgewachsen war, hatte ein Faible für diese Skigebiete und meine
Mutter offenbar genügend Geduld, um die ganzen Kinder-
krankheiten in dieser Umgebung durchzustehen. Und immerhin gibt es einen fotografischen Beweis, dass ich auch mal
auf Skiern stand! Von der Brauerei war in dieser Umgebung
wenig zu spüren.

Mein Vater war sehr fleißig, er ging früh am Morgen und
kam spät abends wieder. Ich habe das nie als Mangel empfunden, zumal er sich dann am Wochenende umso mehr um uns
gekümmert hatte. Nur eines war grauenhaft: An jedem Wochenende mussten wir mit den Eltern wandern gehen. Statt
zu Hause Fußball zu spielen, mit den Freunden auf dem Fahrrad durch die Gegend zu fahren oder allerlei anderen kurz-
weiligen Unsinn zu treiben, musste ich brav sein, meine
Schwester an die Hand nehmen und durch den Schwarzwald
stapfen. Eine starke Abneigung gegen längere Fußmärsche
habe ich von dieser Zeit zurückbehalten, während meine
Schwester heute noch gerne wandert.

Bismarck-Gymnasium · Obwohl das Bismarck-Gymnasium
hohe Leistungsanforderungen stellte, kam ich einigermaßen
mit. In Mathematik hatten wir mit Herrn S. einen Lehrer,
der ebenso klein wie impulsiv und kreativ war. Er konnte die

drolligsten Formulierungen finden, wenn ihm die Leistung eines Schülers nicht ausreichend erschien. Mich nannte er einmal eine „geistige Staubwolke – kaum bläst man dich an, bist du weg!"

Diese und andere Aussprüche habe ich in einem kleinen Notizbuch gesammelt, das sich immer noch in meinem Schreibtisch befindet.

Im Grunde genommen waren wir aber sehr brave Schüler. Eines Tages (am 1. April) beschlossen wir, die ganze Klasse sollte sich in ein anderes Zimmer setzen. In den Badischen Neuesten Nachrichten, die damals auch schon eine sehr zurückhaltende und gediegene Berichterstattung pflegten, wurde dann der Rektor der Schule mit folgenden Worten zitiert: „Ich habe ja sehr viel Humor, aber das geht wirklich zu weit!" Goldene Zeiten also, wenn man bedenkt, welche Konflikte heute an manchen Schulen zu beobachten sind.

Es war aber auch eine Zeit, die heute zu Recht als muffig, wenig weltoffen und spießig empfunden wurde. Darunter hatte z.B. auch unser Mitschüler Michael zu leiden, der von den Lehrern ständig zu hören bekam, dass er als uneheliches Kind eigentlich in dieser Klasse nur geduldet werden könnte. Ja, das hat es damals wirklich gegeben und niemand ist dagegen eingeschritten! Ein Höhepunkt meiner Schulzeit war aus heutiger Sicht der Tag, an dem Michael vom Religionslehrer geohrfeigt wurde. Statt in Tränen auszubrechen oder sich zu genieren, blieb er einfach und streckte ihm das Gesicht entgegen. „Was willst du?", schrie der Religionslehrer voller Wut. Der Schüler sagte, ohne Zittern in der Stimme: „Hier, die andere Backe." So hatte er den Religionslehrer mit seinen eigenen Waffen geschlagen, denn gegen die Bibel hätte gerade der eigentlich nichts sagen können. Aber weit gefehlt. Stattdessen ging dieser „Starpädagoge" zum Direktor und versuchte zu erreichen, dass der arme Junge von der Schule geworfen werden sollte. Zum Glück ist es nicht so weit gekommen, aber unser an und für sich hoch qualifizierter Rektor Z. hatte auch nichts Besseres zu tun, als diesen Schüler erneut zu verwarnen, statt sich einmal zu fragen, warum er immer wieder von den Lehrern so schlecht behandelt wurde und ob es nicht einfach ein Akt der Selbstbehauptung war, dass er ein wenig dagegen rebellierte. Aber so war es eben in den 50ern. Erfreulicherweise wurde auch dieser Schüler später ein erfolgreicher Unternehmer, wie so viele andere aus unserer Schule. Er hatte es gelernt, die Dinge aus anderer Sicht zu sehen und gründete eine Werbeagentur.

In der Weststadt · Als wir Ende der 50er Jahre in die Weststadt umzogen, war das ein echter Luxus. Das Haus hatte sogar ein kleines Schwimmbad, welches sich in der Mitte des Gartens befand. Noch heute berichtet meine Mutter, dass ich seinerzeit vom Umzug gar nicht begeistert gewesen sei. Erstens hatte ich jetzt einen viel längeren Schulweg und zweitens war der Garten unbrauchbar. Unbrauchbar? „Ja", so erklärte ich ihr, „weil das blöde Schwimmbad mitten in der Wiese liegt, kann man dort nicht richtig Fußball spielen." Ich blieb wasserscheu.

Der Umzug hatte auch Vorteile. So konnte meine Mutter uns Kindern einen großen Kellerraum zur Verfügung stellen, in dem dann bald eine Arbeitsgruppe Literatur unter Vorsitz unseres Deutschlehrers Dr. S. tagte. Das war wirklich interessant, obwohl sich bald herausstellte, dass der Keller wegen der herannahenden Tanzstunde noch für andere Zwecke eingerichtet werden musste. Wir haben dort nämlich unsere ersten Partys gefeiert, nachdem die Wände mit Plakaten gepflastert wurden, die wir aus Reisebüros erbettelt hatten. Bald klang der damals revolutionäre Sound der Beatles dumpf aus dem Keller nach oben ins Wohnzimmer, wo meine Eltern lieber ihre Ruhe gehabt hätten. Wir nannten diesen Keller „Lasterhöhle", vielleicht gerade um ein wenig zu kaschieren, dass da überhaupt nichts Unsittliches geschah – wir waren einfach zu brav! Deshalb zeigt uns das Bild auch beim Fingerhakeln, einer vergleichsweise ungefährlichen Aktivität. Die Mädchen hielten sich kichernd im Hintergrund.

Nachdem Bismarck ein humanistisches Gymnasium war, kam dort der naturwissenschaftliche Unterricht eher etwas kurz. Dennoch hatten wir Spaß daran, und zusammen mit Günther J. und Heinrich-Christian M. haben wir Experimente im Grenzbereich zwischen Biologie und Chemie auch zu Hause gemacht. Eltern und Lehrer sahen das mit einer gewissen Zurückhaltung, zumal ich einmal wegen eines explodierenden Bunsenbrenners beim Augenarzt eingeliefert werden musste. Umso größer dann die Freude, als wir beim ersten deutschen Wettbewerb „Jugend forscht" einen Preis gewonnen haben, und später auch noch Preisträger des „Philips-Wettbewerbs für junge Forscher und Erfinder" werden durften. Plötzlich stellte die Schule, die uns vorher in keinster Weise unterstützt hatte, zu unserem Erstaunen fest, dass dieser Preis offenbar Ergebnis ihrer überlegenen Ausbildung gewesen sei. Darüber haben wir uns geärgert und dann beim Interview durch das Fernsehen des Südwestfunks ganz deutlich gesagt, dass wir alle benötigten Chemikalien und Kleinteile aus unserem Taschengeld finanziert hätten, weil die Lehrer sich geweigert hätten, uns irgendwelche Proben mit nach Hause zu geben. Das Fernsehen berichtete sehr ausführlich über unsere Arbeiten und zeigte auch mikroskopische Aufnahmen der von uns gezüchteten Einzeller, deren Reaktion auf Umweltverschmutzung durch Abwässer wir damals untersucht hatten. Diese Ciliaten, mikroskopisch kleine Wesen, die oft eine längliche oder rundliche Form haben und sich mit den feinen Wimpern an ihrer Zellaußenwand fortbewegen, waren manchen Karlsruhern noch unbekannt. So konnte es nicht überraschen, dass mich einige Tage nach der Sendung ein Freund meines Vaters auf der Straße anhielt. Er sei sehr stolz, dass wir Karlsruher den Preis gewonnen hätten, und habe „meine Sendung über die Würmer" mit Interesse angeschaut!

Mein Hauptaugenmerk galt allerdings weniger der Schule als vielmehr dem Tennisspiel. Jeden Nachmittag war ich mehrere Stunden auf dem Platz und habe mit meinen Freunden vom Karlsruher Eislauf- und Tennisverein (KETV) trainiert. In verschiedenen Mannschaftskonstellationen konnten wir mehrfach einen Platz bei den Badischen Meisterschaften erringen. Ein wirklicher Tennisstar bin ich allerdings nie geworden, denn ich bevorzugte ein sehr schnelles, aber manchmal auch impulsives und riskantes Spiel, so dass ich manchmal überraschende Punkte machen konnte, aber ebenso oft auch leichte Bälle verschlagen habe, die ich eigentlich hätte „sicher nach Hause bringen" müssen. Nach dem Abitur habe ich dann das Turnierspielen weitgehend aufgegeben und mich darauf verlegt, Tennis nur zum Spaß zu spielen.

Manchen Nachmittag habe ich auch beim Schmökern in der Buchhandlung Lugert verbracht, deren Eigentümer ein Herz für die Jugend hatte und es uns gestattete, stundenlang in seinem Laden herumzulungern und Bücher anzuschauen, bis wir dann schließlich ein kleines Taschenbuch gekauft hatten, oft mehrere Jungs gemeinsam. Lugert war ein literarisch orientierter Buchhändler mit viel Idealismus, und das mag dann auch dazu geführt haben, dass er sein Geschäft später schließen musste. Gegenpol zu diesen hochgeistigen Aktivitäten war dann der gelegentliche Besuch des Non-Stop-Kinos im Regina neben dem Kaiserhof, wo wir die auch heute noch beliebte Karlsruher Wochenschau und insbesondere natürlich die verrücktesten Zeichentrickfilme sehen konnten. Bei den Eltern und Lehrern war dies nicht gerne gesehen, zumal da wir versehentlich ab und zu einige Stunden Schule schwänzten, um stattdessen im Kino herumzusitzen; andererseits war es eben eine schöne Abwechslung in einer Zeit, in der das Fernsehen noch Mangelware war. Dafür konnten wir damals beim KETV Eishockey auf Natureis spielen, was die warmen Winter heute nicht mehr zulassen.

Es muss eine himmlische Eingebung der baden-württembergischen Landesregierung gewesen sein, das Schuljahr von Ostern auf Herbst umzustellen. Für uns bedeutete dies, dass unser letztes Schuljahr nur wenige Monate dauerte. Wir machten dann ein von uns scherzhaft so genanntes „Notabitur", und die Klasse zerstreute sich in alle Winde. Glücklicherweise von der Bundeswehr verschont geblieben, fuhr ich nach München und begann dort, Philosophie und Betriebswirtschaftslehre zu studieren.

Das war spannend und hochinteressant, aber die unbeschwerte Jugendzeit war vorbei.

HAUPTPREIS

Volker Kaminski

Wenn ich an meine Kinderzeit in Karlsruhe zurückdenke und mich zum Beispiel als Siebenjährigen vor mir sehe, dann kommt es mir vor, als wäre ich in jenen Jahren Mitglied eines umtriebigen Kinder-Workshops gewesen. Zwar gab es Mitte der sechziger Jahre noch keine „Workshops", aber rückblickend staune ich über die Ernsthaftigkeit, die unerschöpfliche Energie und Ausdauer, die meine beiden Schwestern und ich besaßen, um unsere kreativen Spielideen zu verwirklichen.

Mir fallen zwei Theateraufführungen ein, die wir zu Hause in der elterlichen Wohnung nach umfangreichen Vorarbeiten im Kollektiv realisierten. Es steckte echte Arbeit dahinter, wir setzten uns zusammen und dachten uns ein Stück aus (es kamen zwei Stücke zustande, das eine hieß „Der arme Schneider", das andere, ein Krimi-Stück, „S. Box"); wir bauten eine Bühne mit einem dunklen Vorhang, bastelten Kulissen und Bühnenbilder aus Pappe und Papier; wir „casteten" (das Wort gab es damals natürlich noch nicht) die geeigneten „Schauspieler" aus der großen Schar von Cousinen, Freunden und Nachbarskindern; wir probten tagelang unter der Regie meiner großen Schwes-

Volker Kaminski
Schriftsteller

ter, wählten Musikstücke aus, die wir an den passenden Stellen per Schallplattenspieler zum Einsatz brachten, kümmerten uns um genügend Stühle für das Publikum und fertigten Einladungen und Eintrittskarten an. Schließlich standen wir mit Lampenfieber die Premiere samt spontaner Pannenbewältigung durch. Hinterher wurden die Einnahmen geteilt (was, soweit ich mich erinnere, gegenüber einem etwas zurückgebliebenen Nachbarsjungen nicht ganz fair ablief).

Solche Großprojekte blieben natürlich die Ausnahme. Üblicherweise gingen wir zum Spielen auf die Straße und Plätze der Umgebung. Mein damaliger Wohnort lag günstig, wir wohnten in der Körnerstraße, nur zwei Ecken vom Gutenbergplatz entfernt. Der steinerne Brunnen mit Kohlkopf, Pelikanfigur und jener rätselhaften um die Anlage gruppierten grauen Kugeln war ein Bild, das ich von frühester Kindheit kannte. Wichtiger aber als die Besteigung des hohen Brunnens mit meinem Freund Bernhard, der besser klettern konnte als ich, war das tägliche Fußballspiel auf dem Gelände. Die dort schon immer stehenden Lindenbäume bildeten unsere Torpfosten, was allerdings bedeutete, dass der Torwart ein riesiges Tor zu hüten hatte (schätzungsweise sechs Meter), wozu keiner von uns gerne lange bereit war. Was heutzutage schwer vorstellbar ist, war damals Normalität: Gruppen von zwanzig oder mehr Kindern trafen sich jeden Nachmittag auf dem Gutenbergplatz. Da es dabei zu recht kampfbetonten Begegnungen kam, bei denen auch ältere Jungs mitmachten, passierte es nicht selten, dass ein wuchtig getretener Ball an den Bäumen vorbei auf die angrenzende Häuserreihe zuflog und dort eine der Schaufensterscheiben zertrümmerte.

Mädchen spielten zu jener Zeit übrigens noch nicht Fußball (ich erinnere mich nur an wenige Ausnahmen), doch jener kreative Drang, den ich mit meinen Schwestern teilte, drückte sich manchmal auch auf der Straße aus. Neben den altbekannten Spielen wie Verstecken oder „Kaiser, wie viel

Schritte darf ich gehen?", waren spannendere Ideen gefragt, bei denen irgendeine Form von „Gewinn" zu erzielen war. Ich erinnere mich an unsere kurze Karriere als Straßenmusikanten. Meine ältere Schwester nahm ihre Blockflöte, ich griff nach der Mundharmonika meines Vaters und meine jüngere Schwester unterstützte die Darbietung per Gesang und hielt dazu einen Hut vor sich hin (vermutlich den unseres Vaters). Das Ganze spielte sich gegenüber von unserem Haus ab, und ich weiß nicht mehr, ob unser „Auftritt" als dilettierende Kinderband einen Obolus abwarf und ob unsere Mutter, die unser Treiben von der anderen Seite sicher bemerkte, einschritt.

Ein früher Höhepunkt meines kreativen Ehrgeizes scheint mir heute die Teilnahme an einem Kostümwettbewerb zu sein, der eines Nachmittags während der Faschingszeit stattfand. Eingeladen hatte der Wirt einer Eckkneipe, die nur wenige Meter von unserer Wohnung entfernt lag und den für heutige Ohren borniert klingenden Namen „Deutsches Haus" trug. Ich war knapp sechs Jahre alt und hatte mir eine Verkleidung ausgedacht, die mir geradezu genial erschien: Ich ging als Großvater, trug eine Glatze aus Weichgummi mit Haarkränzchen samt daran hängender schwarzer Hornbrille, Nase und Schnurrbart. Diese Halbmaske saß wie angegossen. Dazu lieh ich mir eine Tabakspfeife von meinem Vater, besorgte mir einen Spazierstock (woher der stammte, weiß ich nicht mehr) und schlüpfte in einen schwarzen Anzug mit weißem Hemd und Fliege (so etwas hatten Kinder damals noch!). Meine geringe Körpergröße störte die Illusion keineswegs, im Gegenteil, ich verkörperte den kleinen alten Herrn perfekt.

Meine Schwestern hatten sich ebenfalls für den Wettbewerb zurecht gemacht, aber weder die kleinere, die als Cowboy ging, noch die große, die ein eng anliegendes, langes weißes Gewand trug und damit eine indische Prinzessin darstellen wollte, schienen mir neben meiner Verkleidung aussichtsreich.

In Begleitung unserer Mutter betraten wir jenes Lokal, in dem ich nie zuvor gewesen war, es roch nach Bier, Zigaretten- und Zigarrenrauch, eine betörende Dunstwolke, in die ich hineintappte, ganz wie es meiner Rolle als Opa entsprach. Ich brabbelte leise vor mich hin, gab Murmellaute von mir, offenbar kamen mir solche Geräusche als passend für mein greisenhaftes Alter vor. Aus dem Seitenwinkel bemerkte ich, wie ich von der ersten Minute an erstaunte Blicke auf mich zog, wohlwollende Reaktionen von allen Seiten, Kichern und Lachen der Erwachsenen. Wir setzten uns an einen Tisch, um uns herum waren andere verkleidete Kinder mit ihren Müttern. Ich sah auch einige Männer, es waren wohl jene Männer, die gewöhnlich abends hier saßen und im „Deutschen Haus" ihr Bier tranken.

Wie der Kostümwettbewerb im Einzelnen ablief, weiß ich nicht mehr, es muss jemanden mit einem Mikrophon gegeben haben, der die Bewerber zu sich rief und sie den Kneipengästen präsentierte. An eine Bühne kann ich mich nicht erinnern. Ich weiß aber, dass mir bald nach Beginn der Veranstaltung klar wurde (vielleicht flüsterte es mir meine große Schwester zu), dass wir alle chancenlos seien. Und zwar deshalb, weil es eine Bewerberin gab, die wir nicht übertreffen konnten. Nicht dass das Mädchen im blauen Matrosenanzug besser und origineller verkleidet war als wir, aber sie hatte einen unschlagbaren Vorteil: Es handelte sich um die Tochter eines Stammgastes. Dies wurde irgendwie aus dem Verhalten der lachenden und Bier trinkenden Männer am Tresen deutlich, worunter sich auch der Wirt befand. Die Männer riefen sich Witze zu, und ich glaube mich zu erinnern, dass der Vater jenes Mädchens über das ganze Gesicht grinste, während sein Töchterchen im Gastraum umherlief und sich von allen bewundern ließ.

Mein Vater ging nie ins „Deutsche Haus". Nicht dass er kein Bier trank, aber ich wusste, dass er niemals „Hoepfner-

Bier" trank. Genau das aber stand in Leuchtschrift über der Eingangstür. Ich hatte also schlechte Karten. Mein Vater gehörte nicht zu den Freunden des Wirtes, und ich hatte an diesem Ort keine Fürsprecher; alles, was ich tun konnte, war, ruhig an meiner Pfeife zu ziehen und die anderen Gäste altväterlich mit dem Kopf nickend zu grüßen und vor mich hin zu brabbeln.

So saßen wir und warteten, tranken Fanta und blickten uns schüchtern in der verrauchten „Wirtschaft" um. Immer mehr Erwachsene kamen herein, an ihrer Seite verkleidete Jungen und Mädchen. Ich war schon etwas geknickt, weil ich meine Chancen schwinden sah, alles deutete auf einen Sieg des lockigen Matrosenmädchens hin. Sie wurde von ihrem Vater in den Arm genommen und durch die Luft gewirbelt, als hätte sie bereits den ersten Preis gewonnen. Dabei war ich überzeugt, dass meine Verkleidung besser war, dass sie etwas völlig anderes darstellte als die Kostüme aller Übrigen. Während diese nur ihre Rollen spielten – Matrosenmädchen, Indianerin, Prinzessin, Clown, Jäger und natürlich immer wieder Cowboy oder Sheriff –, *war* ich selbst dieser Opa. Ich benahm mich in meiner Rolle nicht wie ein Schuljunge, ging nicht zu den anderen Kindern und sprach sie an wie einer von ihnen, sondern blieb unbeweglich auf dem Stuhl sitzen und behielt die ganze Zeit jenen Gesichtsausdruck bei, den ich von meinem eigenen Opa kannte. Ich mümmelte an meiner Pfeife, deren Mundstück ein fremdartiges Aroma besaß, hielt den Kopf schräg und bemerkte, dass mich immer noch viele Leute anstarrten.

Du kannst es gewinnen, dachte ich, aber stehst du nicht eigentlich darüber? Du bist der Opa, der sich aus derartigem Kinderkram nichts macht ... Je länger ich dasaß, desto entspannter wurde ich. Irgendwann wurde ich aufgerufen nach vorne zu kommen. Ich ging etwas täppisch auf den Stock gestützt, ein kleiner alter Mann eben, über den abgetretenen

Kneipenteppich bis zu jener Person mit dem Mikrophon. Ich empfand in diesem Moment keinerlei Aufregung und bemerkte, dass das Lachen um mich herum stärker wurde. In der ersten Reihe sah ich das Mädchen mit dem blauen Matrosenanzug – auch sie lachte herzlich bei meinem Anblick. Doch als sie selbst gleich darauf aufgerufen wurde, erklangen die Stimmen des Wirtes, ihres Vaters und anderer Erwachsener, die laut „Bravo" riefen.

Der Moment der Preisverleihung rückte näher. Ich saß wieder auf meinem Platz, und wahrscheinlich ging ich meinen Schwestern schon auf die Nerven, weil ich immer noch hartnäckig „alter Mann" spielte. Ich weiß nicht mehr, wer die Entscheidung traf, jedenfalls kam es zu jubelndem Beifall, als bekannt gegeben wurde, dass das Matrosenmädchen den zweiten Preis gewonnen hatte. Da waren aller Augen schon auf mich gerichtet. „Sieger unseres Wettbewerbs ist der reizende Großvater!" Stürmischer Applaus. Die Person mit dem Mikrophon kam auf mich zu, um mir zu gratulieren, ich reichte ihr meine zittrige Opa-Hand. Ich hatte gegen die Tochter des Stammgastes gewonnen! Stolz lief ich nach Hause, den Hauptpreis in der Tasche: Ein dickes Mainzelmännchen aus Gummi mit roter Mütze. Es hatte in den nächsten Jahren seinen Stammplatz auf unserem Fernsehkasten.

ANNAS TOCHTER

Waltraud Kirchgessner

Die Leute aus der Südstadt werden es mir nicht glauben, aber ich bin nicht hier, sondern im schwäbischen Ellwangen geboren, wo Mutters Verwandtschaft lebte. Mein Ausflug ins Württembergische hat aber nur sechs Monate gedauert, danach kam ich nach Karlsruhe in die Südstadt, wo meine Mutter, Anna Habich, mehr als ein halbes Jahrhundert Wirtin von der „Alpenglocke" war. Die berühmte „Anna von der ‚Alpeschell' ", die in Karlsruhe eine der bekanntesten Wirtschaften von den rund fünfzig Südstadtkneipen war.

Die Anna kannte jeder und in ihrem Lokal fühlten sich alle wohl: Nicht nur die Arbeiter, Eisenbahner, Fußballer, Stammtischbrüder und Penner, auch die Redakteure von der Zeitung, der Oberbürgermeister Seiler und die Herren Stadträte, der Polizeipräsident und der Zoodirektor Eugen Kohm. Für jeden hatte meine energische Mutter die passende Antwort. Sie war einfach eine Respektsperson, die energisch und schlagfertig war, aber auch mitfühlend und immer bereit zu helfen. Oft wurde sie um Rat gefragt und wo sie helfen konnte, wie zum Beispiel im Sybelheim bei den Waisenkindern oder den Armen der Pfar-

Waltraud Kirchgessner
Südstadtchronistin

rei, da spendete sie großzügig. Ja, die Anna war eine gute Wirtin, aber geschäftstüchtig war sie nicht.

Mein älterer Bruder Hans und ich wuchsen in der Wirtschaft auf. Unsere Wohnung lag nur ein Stockwerk darüber. Da lebte die Großfamilie auf engem Raum beisammen: Eltern, Großeltern, wir Geschwister und unser Hund Bill.

Mein Vater war gelernter Polsterer und Dekorateur bei der Eisenbahn, denn die Wirtschaft allein hätte nicht ausgereicht, die Familie zu ernähren.

Wie habe ich mich gefreut, als ich nach dem Tod meiner Mutter, beim Räumen ihrer vier Speicher, ein von den Mäusen zerfressenes Heftchen fand. Es stammte aus dem Jahr 1929 und trägt den Titel: „Württemberger in Baden". Hier stieß ich auf eine Anzeige meines Großvaters, der sich 1905 in Karlsruhe niedergelassen hatte. Im Seilerhäusle, einem der ältesten Karlsruher Häuser in der Kaiserstraße, bewohnte er eine Mansarde und ging in die Metzgerlehre bei „Müller und Veit".

Restauration zum Alphorn
Gut bürgerliches Haus
Naturreine beste Weine
Wilhelmstraße 69
Inhaber: Johann Nagel

So lautete die Werbung in der Vereinszeitschrift der „schwäbischen Karlsruher." Inseriert hatte der Gastwirt und Metzgermeister Nagel, der Vater meiner Mutter, die 1912 in der Rüppurrer Straße 12 zur Welt kam und auf den Namen Anna getauft wurde.

Mutter war im Sternzeichen des Löwen geboren. Die wollen ja immer herrschen und die Führung übernehmen und ich, die Tochter, bin Schützin und die schießen ja gerne zurück, wenn sie angegriffen werden. Wen wundert es, wenn es da in all den Jahren manchmal zu Auseinandersetzungen zwischen Mutter und Tochter kam? Noch als ich geheiratet habe, war sie dagegen. Sie wollte mich mit einem Metzger verkuppeln. Das wäre vielleicht gut gewesen für die Gastwirtschaft, aber Klara, eine unserer Bedienungen hat zu mir gesagt: „Den nimmsch net, der versauft nur sei Lohntüt!" Und dann hat sie auf meinen späteren Mann gezeigt, dem ich immer eine extra große Portion „Russische Eier" für 1,80 DM serviert habe, weil ich in ihn verknallt war: „Der da, des isch en Sportler, und immer gut angezoge und der säuft net", hat sie gesagt. „Nimm lieber den!"

Das hab ich dann auch gemacht und bin heute seit 47 Jahren glücklich verheiratet und hab es nicht bereut, dass ich mich der Anna widersetzt habe. Ich wollte ja einen soliden Mann, einen Schreiner und keinen von den Saufbolden und Großmäulern, wie sie manchmal bei uns in der Wirtschaft saßen.

Noch kurz vor ihrem Tod, ich stand gerade auf der Leiter in ihrer Wohnung in der Wilhelmstraße und habe die Fenster geputzt, da hat meine Mutter mich plötzlich umarmt und gesagt: „Verzeih mir Waltraud, dass ich immer so streng zu dir war." Ich war ganz verwirrt, weil ihr Liebling immer ihr Hans, mein Bruder, war. Ich war ja nur ein Mädchen. Ja, zu mir war die Anna immer streng. Mit 14 habe ich gesagt, nachdem sie mir jahrelang jeden Morgen vor Schulbeginn ziemlich grob die Haare gestriegelt und geflochten hat: „Jetzt reicht es aber, ich lass mir die Zöpfe abschneiden." Da war sie dagegen, aber ich habe mich durchgesetzt.

Wenn Mutter ihren Ausgehtag hatte, da habe ich die Tür abgeschlossen und hinter ihrem Rücken meine Freundinnen in die Wirtschaft eingeladen. Jede hat dann abwechselnd ein Zehnerle in die Musikbox geworfen und dann haben wir pausenlos den Peter Kraus gehört und wie die Wilden getanzt.

Mutter war eine außerordentliche Persönlichkeit, die ganz unterschiedliche Menschen anzog. Den Arzt aus dem Norden zum Beispiel, der jedes Jahr zum Therapiekongress nach Karlsruhe kam und immer nur bei uns in einem schäbigen Mansardenzimmer wohnen wollte: Anna wollte das eigentlich nicht, aber er sagte: „Bitte Frau Habich, lassen sie mich hier wohnen, hier in der Südstadt fühl ich mich zu Haus."

Immer noch sehe ich den Minister Traugott Bender vor mir, wie er auf der Eckbank in der Alpeschell sitzt und seine Bodyguards wegschickt: „Ich muss doch dem Volk aufs Maul schauen und wissen, was meine Wähler so denken, und das kann ich hier bei der Anna", hat er gelacht. Auch die Sozialministerin Barbara Schäfer war gern bei uns. Die kam in unsere Küche und wollte beim Geschirrabtrocknen helfen. Alle fanden es irgendwie gemütlich in unserer Wirtschaft und die Anna behandelte sie alle gleich. Ohne jeden Standesunterschied. Ich erinnere mich auch an einen Schnorrer von der CDU, der wollte immer, dass man seine Rechnung an die Geschäftsstelle seiner Partei schickt. Die Anna hat gesagt: „Sie werde doch fünf Mark siebzig hawe!" Aber er hat es immer wieder versucht. Wenn ich den heute sehe, den Kneilefeiz! Manchmal denke ich, vielleicht schreibe ich noch ein Buch, und wer da nicht genannt werden will, der muss mir 500 Euro bezahlen!

Hinter der Theke saß unser schwäbischer Schäferhund, der Bill, ein richtig gescheites Tier. Wehe, jemand wollte hinter den Tresen. Einmal hat er einer jungen Frau in den Oberschenkel gebissen und die Anna musste 1.200 Mark Schmerzensgeld bezahlen, weil die behauptete, sie könne wegen ihrer Narbe keinen Bikini mehr tragen.

Einem andern, der in die Küche wollte, hat er die Hose zerrissen und Mutter schickte ihn auf den Werderplatz zum Textil-Holzschuh, damit er sich dort eine neue Hose kaufen konnte. Als Kind brauchte ich nie einen Wohnungsschlüssel. Ich klopfte einfach an unsere Haustür und hab gerufen: „Bill mach mir auf", und dann sprang er hoch und drückte die Türklinke nieder.

Ja, ich hatte eine glückliche Kindheit, obwohl meine Mutter mit ihrer Wirtschaft verheiratet war.

Im alten Canisiushaus ging ich in den Kindergarten zur Tante Friedel und meiner geliebten Schwester Solana. Sie war Ordensschwester, und ich war ihr Augenstern. Ich glaube fast, dass das auch an Mutter lag, die der lieben Solana immer etwas zusteckte, wenn wir frisch geschlachtet hatten. Ich bin 1944 geboren und in der Nachkriegszeit hatten viele nicht genug zu essen. In der Wirtschaft führte meine Mutter das Regiment, aber unterm Dach war das Reich meines Vaters, wo er sich eine kleine Werkstatt eingerichtet hatte und nach Feierabend Stühle und Sofas für ärmere Leute aufpolsterte und Rosshaar-Matratzen ausbesserte.

Ich hatte da so eine Art Zopf, aus dem ich die Rosshaarfäden zog und meinem Vater zureichte. Wie gern war ich hier oben bei ihm unterm Dach, und er hat mir vom Krieg erzählt und ich hätte ihm stundenlang zuhören können. Papa war früher aktiver Fußballer beim DJK-Südstadt, dann beim Südstern und später beim Phönix. Wenn er nach Dienstschluss hinter dem Tresen stand, dann wagte es keiner der angetrunkenen Gäste, sich mit ihm anzulegen.

Schon als Vierjährige musste mich mein Bruder Hans, der Liebling meiner Mutter, zum Bolzplatz im Sallewäldle, wo heute das Tullabad steht, mitnehmen. Dort band er dann den Kinderwagen an einem Baum neben den Brunnen fest. Auch als Hans später beim Phönix spielte, musste er mich auf den Fußballplatz mitnehmen, wo ich mit sechs Jahren schon Garderobiere spielte. Für die Jugend gab es damals keine Umkleidekabine und für die Profis nur einen ausrangierten Eisenbahnwagon. Meine Aufgabe, die ich ungeheuer ernst nahm, war es, auf die Kleider der Spieler aufzupassen. Da saß ich dann mitten zwischen den Kleidern und man sah von mir nichts außer meinem Kopf. Die Fußballer nannten mich nur: „Der Otto mit de Ratteschwänz". Ich war das einzige Mädchen weit und breit, weil sich außer mir keine zu den wilden Kerlen auf den Fußballplatz traute.

Damals, nach dem Krieg, hatte kein Schwarzer das Recht, eine deutsche Gaststätte zu betreten, aber die Anna scherte sich keinen Deut um solche Verbote. Bei uns war sogar ein Schwarzer Stammgast und noch viele Jahre danach, als er längst wieder in die USA zurückgekehrt war, schrieb uns Jim immer noch Briefe, in denen er sich für die Gastfreundschaft bei „Fritz und Anna" bedankte.

Auch heute noch erinnern sich die alten Südstädtler an die legendären Fastnachtsveranstaltungen, die vier Kappenabende in der Alpeschell, wo mitten in der Wirtschaft ein riesiger Vollmond hing. Plötzlich ging das Licht aus und der Vollmond leuchtete. Vater stieg auf den Tisch und stimmte ein Schunkellied an:

Der Mond hält seine Wacht,
wenn in der Nacht
die goldnen Sternlein glühn ...

Das war das Signal für heimlich Verliebte, die endlich im Schummerlicht Zärtlichkeiten austauschen konnten.

Später dann stürmten die Frauen die Treppe hoch in unsere Wohnung und zogen sich die alten Unterhemden und Unterhosen meiner Großmutter an und durchquerten in diesem Aufzug mit einer Polonaise das Lokal. Vater hatte aus vier rohen Holzbrettern, die mit roten Lämpchen verziert waren, einen Verschlag gebaut, das war unsere Bar. Und schon war man im „Rotlichtmilieu" der Alpeschell. Die Männer standen Schlange bei unserer „Bardame", der Maria Rot, genannt die „Rotmarie". Wenn ich heute auf alten Fotos den züchtigen Ausschnitt ihrer Bluse betrachte, dann wundere ich mich, warum die Männer an der Bar Schlange standen.

In der schwierigen Nachkriegszeit fuhr Mutter in die Bühler Gegend und organisierte den beliebten Tompinambur und das Schwarzwälder Kirschwasser, wobei sie dem Händler versprach, ihn auch später, in besseren Zeiten, nicht zu vergessen. Wie immer hielt die Anna ihr Wort, das auch nach dem Krieg noch galt. Ging der Tompi einmal aus, beschwerten sich die Gäste vom „Gas-Stammtisch". „Anna, uns kannsch nix vormache, des isch net der Tompi aus Affedal".

Der Gas-Stammtisch hatte übrigens seinen Namen von dem Karlsruher Ausdruck: Der hat Gas, was so viel bedeutet wie, der hat einen über den Durst getrunken oder auch mehrere. Die alljährlichen kostenlosen Ausflüge meiner Mutter mit dem Gas-Stammtisch zur Weinprobe waren beliebt bei Handwerkern, Eisenbahnern und Akademikern. Sie mietete beim „Pfaff" einen Omnibus, packte für unterwegs Würstchen und „flüssiges Brot" ein und ab ging die Post. Auch in unserer Familie kamen die Ausflüge nicht zu kurz. Vater hatte als Polsterer und Dekorateur bei der Eisenbahn Anrecht auf vier Freifahrscheine und das „Pfennigkärtle", wo auch die Angehörigen der Bahnbediensteten für einen Pfennig pro Kilometer durchs Land fahren konnten. Zum Pfarronkel in die Schweiz fuhr ich besonders gern mit Mutter und weil man nur 20 Mark mit über die Grenze nehmen durfte, hat mir Mutter immer im Futter meines Bastbeutels Geld eingenäht. Was habe ich da als Kind Angst ausgestanden, dass wir erwischt werden.

In meinen Ferien fuhr ich öfters zu Mutters schwäbischer Verwandtschaft. Die Bäckersfamilie war so großzügig wie meine Mutter und die Tante hatte einen Tante-Emma-Laden, wo ich meine 20 Mark Taschengeld in Guzelen anlegte.

Manchmal denke ich, dass meine Mutter, die ja über 70 Jahre lang im Kirchenchor der Liebfrauenkirche sang, Klavier spielte und mindestens 25 Mal nach Lourdes pilgerte, wo sie die halbe Südstadt auf ihre Kosten mitnahm, eine tolle Frau war. Jeden Donnerstag hatte sie ihren Frauentag, ging bummeln mit ihren Freundinnen und abends stand ein Theaterbesuch auf dem Programm. Einer von Annas Verehrern, der Schauspieler Hans Schladebach, der auch Stammgast bei uns war, sagte dann plötzlich mitten in der Vorstellung: „Meine Herrschaften, jetzt ist genug geklatscht, Schluss aus ... ich gehe jetzt zur Anna und trinke ein Bier."

Als ich zehn Jahre alt war, schaffte meine Mutter den ersten Fernseher in der Südstadt für die Fußball-Weltmeisterschaft an. Wer einen Platz in der Wirtschaft haben wollte, kaufte sich eine Flasche Bier, die mit seinem Namen versehen auf einen Stuhl gesetzt wurde – eine einfache Platzreservierung, die perfekt klappte.

Ja, ich hatte eine schöne Kindheit, obwohl ich viel in der Wirtschaft mithelfen musste. Übrigens, Wasser durfte ich keines trinken. Großmutter sagte immer: „Mir trinke Bier, kei Wasser!" Das galt auch für mich.

Meine große Leidenschaft waren die Bambi-Feiern, wenn wir Kinder und auch die Erwachsenen stundenlang vor dem Schlosshotel auf die Stars lauerten. Da habe ich dann die Schule geschwänzt und einmal sogar ein Autogramm von Gina Lollobrigida, der Lollo, erhalten und von O.W. Fischer und der Ruth Leuwerik.

Als Mutter die „Alpeschell" verkaufte, weil die Pacht immer teurer wurde und wir nicht die 60.000 Mark hatten, das Haus zu erwerben, brach auch für mich eine neue Zeit an. Was hatte ich denn schon gelernt, was konnte ich denn? Ich sah mich nach einem neuen Arbeitsplatz um.

Mein 1
Schuljahr.
1949.

ARCHITEKTUR, GESANG UND GLOCKENGELÄUT

Kurt Kramer

Mit einem kräftigen Schrei und herzerweichendem Seufzer, meldete ich mich, wie zwei meiner Geschwister zuvor und vier nach mir, in Badens Hauptstadt Karlsruhe erstmals zu Wort, wenn auch zunächst nur bei der Hebamme der ehemaligen Landesfrauenklinik.

Meine Jugend verbrachte ich dann in Langenbrücken, wo mein Vater 18 Jahre Bürgermeister war. Heute heißt der Ort Bad Schönborn. Mit meinen zwei „großen" Brüdern, damals im Alter von wahrscheinlich drei, vier und fünf Jahren, watschelten wir zuweilen nackt an der B 3 entlang, pflückten am Straßenrand Butterblumen und winkten den Radlern und den damals noch wenigen vorbeifahrenden Autos zu. Die Freude war ganz offensichtlich auf beiden Seiten.

Die B 3 bescherte uns wenige Jahre später ein anderes freudiges Erlebnis. An einigen traumhaft weißen Wintertagen durften wir mit dem Schlitten von der abschüssigen Wilhelmstraße nonstop über die B 3 fahren. Sie wurde eigens für die unzähligen Schlittenfahrer gesperrt. Der „Verkehr" hatte sich auf die Rodelpiste verlagert. Wie sich die Zeiten ändern.

Kurt Kramer
„Glockenpapst"

Mein Einfallsreichtum muss groß gewesen sein und auf den Mund gefallen war ich wohl auch nicht. Zwei Beispiele: Zur Schule muss ich recht oft zu spät gekommen sein. Jedenfalls rügte mich mein Lehrer, er hieß Kieser, an dessen Haus mein Schulweg vorbeiführte. Er drohte mir beim nächsten Zuspätkommen das so „beliebte" Nachsitzen an. Am nächsten Tag kam ich, Sie ahnen es schon, wieder zu spät. Als ich am Wohnhaus meines Lehrers vorbei rannte, kam auch er zu spät aus seinem Haus. „Herr Lehrer, heute müssen wir aber alle zwei rennen", soll ich, wie er mir später einmal erzählte, mit erhobener Stimme gesagt haben. Keiner von uns beiden musste nachsitzen.

Nach Mühlhausen bei Wiesloch, dem Heimatort meiner Mutter und Großeltern, kam in dieser Zeit ein sehr bekannter Pater zur Mission. Er war Dauerraucher und legte seine Zigarre nur vor dem Gottesdienst in einer Spalte der Kirchenmauer ab. Kaum lag die Zigarre des frommen Mannes in der Mauerfuge, schnappte ich nach ihr und zog kräftig daran. Der Pater, in Begleitung zweier hoher Geistlicher, drehte sich um, sah mich fassungslos mit der Zigarre im Mund, holte tief Luft und wollte gerade ... Ich bekam die Zigarre noch rechtzeitig aus dem Mund und fragte ihn, bevor er seine Sprache wieder gefunden hatte: „Bisch Du hier de ewerschd?"

Mühlhausen sollte einige Jahre später in meinem Leben nochmal eine „bedeutende" Rolle spielen. Es war Samstag, der 21. Mai 1955, der Tag des Pokalendspiels KSC gegen FC Schalke 04. Wir fuhren, wie so oft, mit der ganzen Familie zu Oma und Opa. Dort saßen wir „gemütlich" bei Milch, Kaffee und Kuchen, nur ich nicht. Meine Oma fragte mich, warum ich heute so traurig sei. Mit der traurigsten Stimme und Mine, die ich gerade parat hatte, sagte ich: „Der KSC spielt heute im Pokal und das Spiel wird gerade im Radio übertragen". Obwohl meine Oma nicht wusste, um was es eigentlich ging, wehrte sie all die Einsprüche meiner Eltern und

Tanten ab. Mit unmissverständlicher Tonlage sagte sie: „Der Bu horcht des Schbiel." So durfte ich in die Küche und den 3:2-Sieg des KSC am Radio miterleben. Ja, so lange bin ich schon KSC-Fan, nicht immer schmerzfrei, aber noch immer.

Zum Unterricht im Schönborngymnasium in Bruchsal musste ich zwangsweise pünktlich sein. Der Zug wartete nicht, und eigentlich war die Fahrt mit den vielen Schülerinnen und Schülern auch recht unterhaltsam, jedenfalls unterhaltsamer als der Unterricht. „Si tacuisses, philosophus mansisses" habe ich vom Lateinunterricht noch sehr gut in Erinnerung. „Wenn du geschwiegen hättest, wärst du ein Philosoph geblieben" – oder vielleicht ein guter Schüler. Dem Rat des Philosophen und Theologen Boethius möchte ich gerne folgen, und dieses Kapitel damit beenden.

Ich muss wohl um die zwölf Jahre alt gewesen sein, als das Gymnasium einen Wettbewerb für Schüler anbot. Für das Badische Staatstheater in Karlsruhe sollten wir ein Bühnenbild zum Märchen „Prinzessin auf der Erbse" entwerfen. Ich war schon immer davon überzeugt, dass ich künstlerisch begabt sei. Mein Zeichenlehrer nicht. Mein Entwurf zum Bühnenbild fand dennoch seinen Weg ans Badische Staatstheater. Ich gewann einen Preis und war am Schluss des Märchens zum Festmahl eingeladen. Damals traf ich, ohne dies zu wissen, auf meine spätere Gesangspartnerin vom Badischen Staatstheater, Marlies Rottler.

Die Bühne ließ mich nicht mehr los. Mit fünfzehn Jahren hatte ich meinen ersten Auftritt in einem Konzert, damals noch als Bassist. Von der Arie „In diesen heilgen Hallen" waren nicht nur die Lokalpresse angetan, auch die zahlreich im Publikum sitzenden Omas waren entzückt. Aus den Tiefen der heilgen Hallen kletterte ich über das Baritonfach zu Tenoreshöhen empor. Mein Gesangsstudium führte mich zu Lizi Rottler und auf Empfehlung von Carl Kaufmann auch zu Kammersängerin Elisabeth Friedrich. In dieser Zeit ermöglichte mir der unvergessliche Inspizient Hans Rottler unterhaltsame Einblicke hinter die Kulissen des Badischen Staatstheaters. Dort war ich auch Dauergast in den „Studentenlogen", wie wir unsere Stehplätze auf den Treppen nannten.

Meine Gesangskarriere hielt sich in Grenzen, aber ich wollte sie nicht missen. Vor allem bei zahlreichen Kirchenkonzerten sang ich die Tenorpartie gemeinsam mit prominenten Sängerinnen und Sängern, auch des Badischen Staatstheaters. Meine „Lieblingskonzertsäle" in unserer Region waren die Kirchen von Ettlingen, St. Martin und Herz-Jesu, einige Kirchen in Karlsruhe und Rastatt, die Barockkirche in Ettlingenweier, die Jesuitenkirche in Heidelberg u.v.m.

Zwei Konzerte blieben mir bis heute nachhaltig in Erinnerung. Zunächst ein Weihnachtskonzert im Gefängnis von Bruchsal in den frühen 60er-Jahren. Schon beim langen Gang an den Gefängniszellen vorbei lief es mir eiskalt über den Rücken. Das wurde nicht besser, als ich erfuhr, wem ich beim Konzert begegnen sollte. Wir musizierten und sangen gemeinsam mit „prominenten" Bewohnern Werke eines Bruchsaler Komponisten und Weihnachtslieder. Im Publikum saßen einige „Konzertbesucher", von denen ich schon in der Zeitung gelesen hatte.

Die in virtuosem Barock gestaltete Schlosskirche von Rastatt bot dazu eine kontrastreiche Kulisse. Sie war Wirkungsstätte des Komponisten Johann Caspar Ferdinand Fischer, seines Zeichens Hofkapellmeister am Hofe von Markgräfin Sibylla Augusta in Rastatt. Für eine gerade in Prag entdeckte Komposition wurde ich zur Uraufführung für eine der Tenorpartien engagiert. Gedruckte Noten gab es von dieser Messe allerdings noch nicht. So mussten wir von Kopien seiner Handschrift lesen und singen. Wenn ich dem Kritiker glauben darf, war es ein musikalisch hochstehendes, aufregendes Ereignis und für mich ein unvergessliches Konzert.

Mit 20 Jahren hatte ich einen schweren Badeunfall, den ich mit viel Glück und Gottes Hilfe überlebte. Meinen 21. Geburtstag „feierte" ich noch im Krankenhaus. Dieses Ereignis gab meinem Leben eine Wende. Ich ließ mein Elternhaus und meine Jugendzeit zurück, kehrte Langenbrücken den Rücken und kehrte zu meinen Anfängen in die Hauptstadt Badens zurück. Ich war endgültig in Karlsruhe angekommen.

In einem kleinen, zwölf Quadratmeter großen Zimmerchen in der Tullastraße musste ich mit Bett, Schrank, Waschkommode, Waschschüssel und dem Reißbrett den Platz teilen. Bei unvorsichtigem Öffnen der Zimmertüre von außen flog jeder Gast, aber zuweilen auch ich, ins Bett. In diesem Zimmer verbrachte ich – noch als Folge meines Unfalls – mehr Zeit als mir lieb war mit Studieren und Zeichnen.

Die Symbiose von Architektur und Musik gaben meinem Leben die entscheidende Wende. Als Architekt im Erzbischöflichen Bauamt Karlsruhe wurde ich gefragt, ob ich Glockensachverständiger werden wolle. Offensichtlich wusste man von meiner musikalischen Vorbildung. Ich war so überrascht von dieser Frage, dass mir „nie im Leben" von den Lippen entglitt. Noch am gleichen Tag besann ich mich. Die Landesbibliothek Karlsruhe war gut sortiert und bot alles, was auch nur im Entferntesten mit Glocken zu tun hatte. Ich las mich, ohne dass ich es bemerkte, in eine Begeisterung hinein, die mich die Zeit vergessen ließ. Nach einigen Tagen des Lesens kam ich am Abend nach Hause. Meine Frau wusste sofort, dass mit mir irgendetwas passiert sein musste. Ich war fasziniert von der 5.000-jährigen Geschichte der Glocke, die in China ihre Ursprünge hatte. Ich war überrascht, wie viele Maler, Bildhauer, Literaten, Musiker, Philosophen u. a. sich von der Glocke zu Meisterwerken anregen ließen. Was danach kam, ist weitgehend bekannt, wenn nicht, in der regionalen und überregionalen Presse nachzulesen.

Ein Höhepunkt sei dennoch erwähnt: die Europäischen Glockentage. Sie waren im Jahre 2004 das Großereignis der letzten Jahre in Karlsruhe. Eine große Zahl von prominenten Besuchern war gekommen. Die Bischöfe Robert Zollitsch, Oskar Saier, Klaus Engelhardt, Ulrich Fischer, Kultusministerin Annette Schavan, Innenminister Heribert Rech und die Karlsruher Bürgermeister, an ihrer Spitze Oberbürgermeister Heinz Fenrich, um nur einige zu nennen. Der Glockenguss bei Nacht auf dem Marktplatz durch die Glockengießerei Bachert bleibt unvergessen. Eigens aus Salem war Prinz Bernhard von Baden angereist. Im Gepäck brachte er eine wunderbare Glocke für die Glocken-Ausstellung mit, geschmückt mit Bronzereliefs von Joseph Anton Feuchtmayer, dem Bildhauer der Oberschwäbischen Barockstraße, u. a. der Klosterkirchen von Zwiefalten und Birnau.

Und dann traf ein Brief aus der ewigen Stadt Rom bei mir ein. „Seine Heiligkeit Papst Johannes Paul II. sendet den Teilnehmern an den Europäischen Glockentagen 2004 in Karlsruhe und Straßburg herzliche Segenswünsche." Über Radio Vatikan liefen diese Segenswünsche und auch ein Bericht über die Glockentage. Es war wohl der Höhepunkt meiner abwechslungsreichen beruflichen Laufbahn. Ohne den Traum jemals geträumt zu haben, hatte ich meinen Traumberuf gefunden.

Eine Kindheit nach dem Krieg
Doris Lott

Geboren wurde ich ein Jahr nach Kriegsausbruch. Mutters französische Freundin schrieb damals nach Karlsruhe: „Hurra, ein Mädchen! Gott sei Dank kein Junge, kein Feind für Frankreich!"

Am 4. April 1945, dem Tag, an dem ich meinen 5. Geburtstag feierte, fuhren die französischen Panzer über den verwüsteten Marktplatz. Die Stunde Null war angebrochen. Viel habe ich nicht davon mitbekommen. Ich weiß nur noch, dass Mutter ganz früh versuchte, die Verbindungen mit Frankreich wieder aufzunehmen. Vater war an einem Kriegsleiden gestorben, und sie meinte, dass es in seinem Sinne sei, uns so bald wie möglich in den Ferien nach Frankreich zu schicken. Sie schrieb einfach an den Rektor der Universität von Nancy, wo Vater vor dem Krieg zwei Semester studiert hatte, und bat ihn um Vermittlung.

Von der Partnerschaft Nancy–Karlsruhe war damals noch nicht die Rede. Die ersten schüchternen Annäherungsversuche wurden erst sechs Jahre später gewagt.

So kam Marie-Claude zu uns, eine richtige Bilderbuchfranzösin mit langen

Doris Lott
Autorin

119

Beinen, knappen weißen Shorts und dem gewissen Etwas, das meinem 10-jährigen Bruder wohl das erste „Oh là là ..." seines Lebens entlockte. Marie-Claude wollte immer nur Steaks... essen und die möglichst blutig. Wir Kinder wussten nicht einmal, was ein Steak war. Wir kannten nur Fleischküchle und Gulasch, und das gab es auch nur sonntags. Marie-Claude war zwar charmant, aber beim deutschen Essen kannte sie kein Pardon. „Die deutsche Butter schmeckt aber komisch", meinte sie. Die „deutsche Butter" stellte Mutter in den Jahren nach dem Krieg nach eigenem Rezept her: zwei Drittel Margarine und ein Drittel Butter, vermischt mit einer Prise Salz. „Wenn man Kriegerwitwe ist und vier Kinder satt bekommen muss, kann man halt nicht leben wie Gott in Frankreich", meinte sie energisch. Marie-Claude gefiel es trotzdem bei uns. Sie kletterte mit ihren weißen Shorts ungeniert über den Balkon auf die Straße. Uns Kindern war das verboten. Mutter sagte, dass die Klosestraße eine feine Gegend sei, und da könne man sich nicht benehmen wie im „Dörfle". Das „Dörfle" kannte ich nur vom Hörensagen. Als ich mit zehn Jahren ins Kantgymnasium ging und täglich am „Dörfle" vorbeikam, habe ich die Verlängerung der Waldhornstraße nie betreten. Großmutter hatte uns Kinder gewarnt. Man habe ihr dort einmal bei Tag einen vollen Nachttopf nachgeworfen. Dieser Gefahr wollte ich mich unter keinen Umständen aussetzen. Auch in die benachbarte Südstadt trauten wir uns nicht. In der Fastnachtszeit tobten heftige Straßenkämpfe zwischen den „Klosettsträßlern", wie sie uns respektlos nannten, und den Südstadtindianern.

Ein Glück, dass es in der Klosestraße 13 den Seeger Karle und seine Brüder gab. Die waren genauso schlagkräftig wie die Südstädtler. Wenn die Fastnachtszeit vorbei war, verlor der Seeger Karle wieder an Prestige. Wir Kinder hielten uns in respektvoller Entfernung. Irgendwie war er Außenseiter in einer Gegend, wo man vor 8 Uhr zu Hause sein musste, die

Nachbarn zu grüßen hatte und nicht unangenehm auffallen sollte. Den Seeger Karle und seine Brüder scherte das wenig. Die kamen nach Hause, wann sie wollten, tranken mit vierzehn schon Bier und rauchten Amikippen. Trotzdem trieben wir Kinder einiges, wovon Mutter nichts ahnte. Ich war nur knapp zwei Jahre jünger als mein Bruder, und er konnte mich nicht abschütteln. Jochen, der bei uns im Haus wohnte, ließ es sich gefallen, dass ich immer mit von der Partie war. „Die petzt net", sagte mein Bruder. So war ich dabei, wenn wir auf den Ruinen des gesprengten Schlageter-Denkmals rumturnten, im Beiertheimer Wäldle bei der Kantstraße in den halbverschütteten Bunker krochen und in der Klosestraße Nr. 21 die verborgenen Schätze des zerbombten Kindergartens ans Tageslicht beförderten: Farbige Papierstreifen, geflochtene Körbchen und nagelneue Farbstifte entdeckten wir unter den Trümmerbergen. „Es riecht immer so nach Leichen", sagte der Jochen. Das konnte uns nicht daran hindern, unsere Bergungsarbeiten fortzusetzen. Jedes Kupferdrähtchen, jedes verbogene Eisenrohr oder Metallstück wurde gesammelt und beim „Lumpen-Alteisenhändler", der mit seinem Karren rufend durch die Straßen zog, verkauft.

Das Autowegle zwischen Klose- und Bahnhofstraße ermöglichte uns einen freien Zugang und Abzug. Jedes dritte Haus war zerbombt, und wir suchten unter den Trümmern nach verborgenen Schätzen. Hier waren wir die Könige und auch vorne auf dem „Feld", wo heute die Hochhäuser der Karlsruher Lebensversicherung stehen. Da wurde noch Raps und Weizen angepflanzt, und ich pflückte Klatschmohn und Kornblumen. Endlos kam mir als Kind der Weg übers „Feld" vor.

Einmal war ich besonders unglücklich. Wir spielten „Naustreiberles" auf der Straße, wo es noch keinen Verkehr gab, nur alte Bombenlöcher und Schuttberge vor den Häusern. Der Jochen warf den Ball so weit, dass er übers Gutschplätzle hinaus flog und im Feld verschwand. Es war nur ein alter Ami-Tennisball, aber damals ein unersetzlicher Verlust. Stundenlang haben wir nach dem Ball gesucht, der meiner Schwester gehörte. Jahre danach, als man anfing, die KLV-Hochhäuser auf dem Feld zu bauen, da dachte ich, ob die wohl den Ball jetzt finden? Ich weiß, dass man immer mit Wehmut auf seine Kindheit zurückblickt und alles im verklärten Licht sieht. Hatten wir es damals wirklich besser als die Kinder, die heute hier aufwachsen? Im Haus meiner Kindheit gibt es keine Kinder mehr und auch nicht in den Häusern daneben. Und als wir im Garten meiner Mutter einen Sandkasten für ihr jüngstes Enkelkind zimmerten, gab es einen Sturm der Entrüstung. Über Nacht wurde der Sandkasten herausgerissen und der mühsam beigeschleppte Sand über die Wege verstreut. „Kinder machen Lärm", hieß es und „ein Kind zieht andere Kinder nach sich. Und Lärm haben wir schon genug." Da fing ich an, die Straße meiner Kinderzeit zu hassen, die „feine Gegend", wie wir als Kinder spotteten, ihre engen Gehwege, die bis zur Mitte hin mit Autos zugeparkt sind, sodass man Mühe hat, mit einem Kinderwagen vorbeizukommen. Aber auf den Autos kleben die Sprüche: Ein Herz für Kinder. Aufkleber gibt es viele, aber Kinder gibt es immer weniger, das ist zwar nicht typisch für Karlsruhe, aber es fällt mir ein, wenn ich durch die Straße meiner Kindheit gehe.

Ob wir Kinder es besser hatten nach dem Krieg? Habe ich vergessen, dass wir uns in unserer Wohnung kaum rühren konnten, weil jedes Zimmer mit mehreren Personen belegt war? Den Großeltern, die in der Kalistraße ausgebombt waren, der Tante aus Magdeburg, die mit ihrer Mutter und einem Säugling gekommen war, und der schönen Irene. Die war ein Amiliebchen und wohnte unterm Dach im ehemaligen Mädchenzimmer. Wir Kinder mochten die Irene, die mit den Fingern auf ihren weißen Zähnen Klavier spielen konnte und uns die erste Ami-Schokolade und Kaugummi schenkte.

Außerdem brachte sie Weißbrot mit. Das war fingerdick mit goldgelber Butter bestrichen und dazu noch mit Wurst belegt.

Und vorne im Hotel Reichshof arbeitete ein Freund meines Vaters als Koch. Der schaffte Tüten voll Kaffeesatz bei. „Den werfen die Amis sowieso weg", sagte er, „aber ich darf mich trotzdem nicht erwischen lassen." Der Onkel Erich sah immer so traurig aus, und Mutter meinte: „Der hat doch vom Kochen gar keine Ahnung. Eigentlich ist er Chemiker, aber weil er in der Partei war, hat er seine Stelle verloren. Aber er ist ein anständiger Kerl und kein Nazi und irgendwie muss er ja seine Familie durchbringen."

Der Reichshof heißt jetzt „Residenz", und vor den Fenstern sind auch keine Fliegengitter mehr wie damals, als der Onkel Erich hier den Kaffee für die Amis gekocht hat. Im Innern gibt es nur noch Plüsch und Marmor, und die alten herrlichen Gemälde mit dem ersten Zeppelin und die Deckenlampe mit den riesigen Wagenrädern und den geschnitzten Pferdewagen und Ochsengespannen sind auch verschwunden. „Gut bürgerlich" nannten die Karlsruher den alten Ketterer. Heute geht man ins Bistro oder in die Brasserie. Mit meinem Großvater gingen wir noch in die Wirtschaft.

Eine Kindheit nach dem Krieg ist ohne meinen geliebten Großvater unvorstellbar. Er war für uns vier Kinder so eine Art Vaterersatz. Mir kam er immer ungeheuer vornehm vor. Wenn er mit seinen Einmeterneunzig auf dem Fahrrad vor uns herfuhr, brauchte er sich nicht mal nach uns Kindern umzuschauen. Da wagte es keiner, aus der Reihe auszuscheren. Opa war eine Respektsperson, nicht nur weil er früher bei den 109ern war. Seinem Ansehen hat es auch nichts geschadet, dass er bei solchen Ausflügen in langen Unterhosen mit uns im Rhein baden ging. Das fiel uns nicht mal besonders auf, weil Großvater immer lange Unterhosen trug. Hinterher gab es immer ein Vesper. Natürlich kehrten wir dann in einer

Moninger-Wirtschaft ein. Alle Wirte kannten den Großvater, weil er fünfzig Jahre lang in der Brauerei war. So wurde Großvater wie ein Fürst bedient, und wir Kinder sonnten uns in diesem Glanz. „Ein jeder Badner, wer's auch sei, kennt Moninger: die Brauerei. Da gibt's den echten Gerstensaft, der Wärme und Behagen schafft." So lautete meine Strophe, die ich bei Großvaters Geburtstag aufsagen musste. Als Kind dachte ich, dass „Badner" etwas zu tun haben müsste mit unserem Baden im Rhein. Aber mit zehn hat mir Großvater das Badnerlied beigebracht und mich aufgeklärt, was ein Badner ist und was uns von den Schwaben unterscheidet.

Die Kinderzeit wirkt nach. Noch heute habe ich ein schlechtes Gewissen, wenn ich nicht „Großvaters Bier" trinke.

Damals nach dem Krieg fuhr auch Onkel Hermann aus der Boeckhstraße mit seinem Bierfuhrwerk durch Karlsruhe. Wenn er mich sah, hielt er seine Pferde an. Ich durfte auf den Kutschbock steigen und bekam zehn Pfennig für eine Brezel geschenkt. Für fünfzehn Pfennig konnte man Staßenbahn fahren und für zwanzig Ruderbootle auf dem Stadtgartensee. Da gab es noch keine langweiligen Kähne, die an Kabeln entlangkriechen, und keinen Aufpasser im Glaskasten, der wütend durchs Mikrophon brüllt, wenn ein Lausbub mal ein bisschen mit seinem Boot schaukelt. Nur wenn „der Schütz" kam, da verdrückten wir uns.

Eine Kindheit nach dem Krieg. Gehört dazu nicht auch die erste Quäkerspeisung und das kleine Blecheimerle, das am Schulranzen baumelte, der Geschmack von Haferflockenbrei mit Rosinen und von Ofennudeln mit Kakao? Manchmal gab's auch Carepakete. Aber die Zahnbürsten, Seifen und Waschlappen aus Amerika reichten nicht für alle. Da sagte das Fräulein Birsner, meine Lieblingslehrerin aus der Südendschule: „Wer von euch hat keinen Vater mehr oder bei wem ist der Papa noch in Russland vermisst?" Da flogen viele Kinderhände in die Höhe, weil viele Väter in Russland oder Frank-

reich gefallen waren. „Das sind zwanzig von 45 Kindern",
sagte Fräulein Birsner. „Die bekommen heute die Zahnbürsten." Ich habe eine bekommen und meine Freundin, die Karin aus der Graf-Rhena-Straße, auch. Und die Karin hat mir
ins Ohr geflüstert: „Gell, mir zwai hawwes gut, mir hawwe
immer Glück."

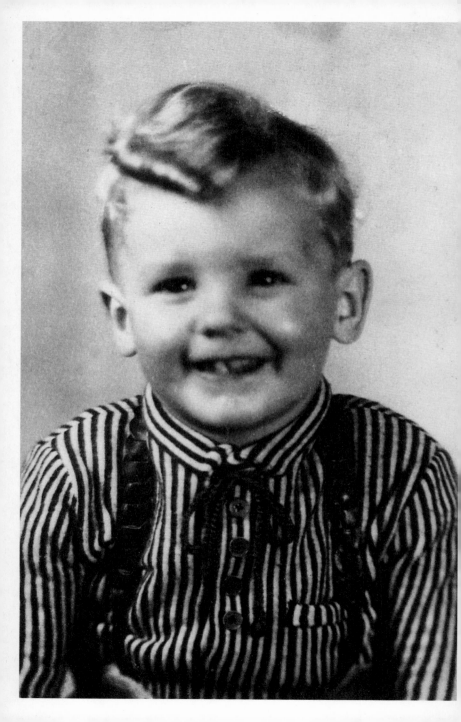

DIE DREI MAIERS
AUS DER BAHNHOFSTRASSE

Dietrich Maier

In den Bahnhäusern der Bahnhofstraße 50 und 52 lebten in den 50er-Jahren des vorigen Jahrhunderts drei Familien Maier. Eine mit ai, das war meine eigene mit zwei Buben, Gerhard und Dieter. Roswitha, Hans-Peter und Bernd gehörten zur Familie mit dem – ey und die dritten im Meier-Clan schrieben sich mit – ei und ihre Kinder macht insgesamt sieben Ma(y)ier-Kinder, die nicht miteinander verwandt waren. Wir lebten in der Mansarden-Wohnung im fünften Stock und ich glaube, das hing damit zusammen, dass mein Vater nur Oberinspektor war, während Roswitha, Hans-Peter und Bernd als Kinder des Bundesbahnoberrates Meyer nach Karlsruher Rechnung im zweiten Stock, also der Belle Etage, wohnten. Der Hof der beiden Häuser war durch einen Maschendrahtzaun abgetrennt, in den wir Kinder regelmäßig das „Loch" bohrten, das gerade so groß war, dass wir auf den Knien hindurchrutschen konnten. Immer wenn das Loch von einem der Hausbewohner geflickt wurde, meist waren es die kinderlosen Hausbewohner, einmal sogar mit Stacheldraht, gingen die Kinder wieder ans Werk, um gemeinsam mit den Nachbarskindern in einem Hof

Dietrich Maier
„Wasserprofessor"

127

spielen zu können. Das war meistens in unserem Hof, der Nr. 52, weil es hier eine Mauer gab, die eine ideale Wand für die beliebten Spiele „Ochs am Berg" und „Kaiser, wie viele Schritte darf ich gehen" abgab.

Hier war eine Teppichklopfstange angebracht, die wir Kinder dazu benutzten, auf die Mauer zu klettern. Das war streng verboten, weil auf der anderen Seite amerikanische Offiziere im „Reichshof", einem von Amerikanern belegten ehemaligen Hotel am Hauptbahnhof, ihren Dienst versahen. Aus dieser Zeit stammt meine besondere Vorliebe für amerikanische Jeeps, Kaugummi und Hershey-Schokolade, die uns Kindern öfters von den Fahrern der Offiziere zugesteckt wurden.

Ich stand als kleiner Knirps oft hinter den Jeeps und habe am Auspuff geschnüffelt. Benzingeruch habe ich auch heute noch gerne. Von der Mauer aus gelangte man auf die Dächer der Reichshof-Garagen, die während der Fastnachtszeit, da sie kaum einnehmbar waren, zum Hauptquartier der „Bahnhofstraßenbande" umfunktioniert wurden.

Unsere Hauptwaffe war ein Gartenschlauch aus Gummi, der an einem Wasserhahn im Hühnerstall der Familie Adam angeschlossen war, die drei Kinder, Monika, Otto und Peter, hatten. Mit dem Schlauch konnten wir uns im kalten Februar selbst gegen die so gefürchtete „Südstadtbande" kräftig wehren, und selbst sie haben es nicht geschafft, unser Hauptquartier einzunehmen. Im Sommer diente uns der Schlauch zur Abkühlung und zum „Matscheln". Der Gartenanteil meiner Eltern war für alle Kinder offen. Hier durften wir metertiefe Löcher graben und nach Herzenslust mit dem Wasser pantschen. Andere Eltern waren nicht so großzügig. Sie hatten Tomaten und Himbeeren angebaut, aber mein Vater hatte noch einen anderen Garten von der Bahn im Weiherfeld gepachtet. Er versorgte uns mit Kläräpfeln und großen Lageräpfeln, von denen alle Kinder in den beiden Häusern abbekamen.

Den Überschuss durfte ich in Spankörben beim Bäcker Reith und beim Milchmann für 15 Pfennig das Kilo verkaufen. Das war mein Taschengeld. Noch lukrativer war das „Pferdeäpfelsammeln" für unseren Garten. Pro Eimer bezahlte mein Vater 50 Pfennig. Die beste Ausbeute machten wir im benachbarten Bulach und Beiertheim.

Bald erkannte ich, dass der Weg zu Fuß zum „Pferdeäpfelsammeln" zu viel Zeit in Anspruch nahm und bat meinen Bruder, der sich für diese Tätigkeit genierte, mich auf dem Gepäckträger seines schwarzen Damenfahrrades durch die Dörfer zu kutschieren, und zwar für 20 Pfennig pro Eimer.

Das hat allen geholfen, meinem Vater, meinem Bruder und mir. Nur meiner Mutter nicht, denn die musste wegen Stallgeruch unsere Kleider häufiger waschen.

Das Haus Nr. 48 in der Bahnhofstraße war ausgebombt. Wir spielten hier im Keller „Doktorles", bis die Eltern dahinter kamen. Ansonsten galt es als Mutprobe, im dritten Stock auf einem aufgestellten Holzbalken zu balancieren.

Alle Kinder hatten eine Jahreskarte für den Stadtgarten. Dort war die Lauterbergruine als Versteck sehr beliebt. Wir erlebten den Einzug der ersten Bären Bobby und Maja, und der ersten Elefanten, und versuchten immer wieder, eine schöne Pfauenfeder zu ergattern. Damals wurde noch am Sonntagmorgen im Stadtgarten Kasperle-Theater gespielt. Unvergessen auch das „Zehnereis" aus dem Eiswagen mit dem silbernen Runddeckel am Bahnhofsvorplatz. Dort hielten auch die alten Straßenbahnwagen mit Plattform gleich zweimal. Die Fahrt von der einen Station zur anderen war für uns Kinder kostenlos, aber verboten. Die Straßenbahnschaffner achteten streng auf Trittbrettfahrer. Einmal wurde ich erwischt und bekam den Hosenboden versohlt. Ja, und dann die Rollerwettfahrten auf der Bahnhofstraße. Das modernste Fahrzeug war der „Tretroller" und ich hatte nur einen kleinen blauen Holzroller, mit dem ich nie gewann. Auch das Ballspielen auf der Straße war damals noch möglich. Erst als mein Bruder seinen Gummiball, von wegen Lederball, der war viel zu teuer, im Stadtgarten verlor, spielten wir in der Schnetzlerstraße Fußball. Eine messingbeschlagene Haustür war unser Tor.

Heute, wenn ich manchmal die Kinder von damals wiedertreffe, haben wir alle die gleichen Erinnerungen an diese Zeit. Warum wohl? Weil es so einfach war? Weil jeder in unserer Gruppe eine wichtige Rolle spielte? Ich denke so gerne an diese Zeit zurück und wünschte mir, dass unser Enkelkind Charlotte auch so eine schöne Kindheit verbringen darf.

THEATER, DA GEHÖRE ICH HIN!

Kurt Müller-Graf

Als meine Mutter im September 1913 am damals weit verbreiteten Kindbettfieber starb, hinterließ sie meinem Vater vier unmündige Kinder. Die Familie wohnte damals in Karlsruhe-Rüppurr in der Langestraße Nr. 24.

Vater war Polizeibeamter und, in Uniform mit Gehrock, Schleppsäbel und Pickelhaube, eine imposante Erscheinung. Mutter war bildhübsch und, wie meine Schwester Emma-Eva mir erzählte, immer fröhlich.

Beim Tod meiner Mutter war ich erst 48 Tage alt, und mein schwergeprüfter Vater brachte mich nach Mannheim-Waldhof, wo mich die Schwester meiner Mutter, die selbst zwei kleine Kinder hatte, liebevoll aufnahm.

Zwei Jahre nach Mutters Tod fand Vater eine gute Frau, Maria Rosa Graf. Sie war bereit, einen Witwer mit vier kleinen Kindern zu heiraten. So betrat meine Stiefmutter die Bühne meines Lebens. Wir zogen in die Gerwigstraße Nr. 6 und meine ersten Eindrücke von damals waren die Rotkreuzwagen, die ich vom Fenster unserer Wohnung aus beobachten konnte, und die Männer, die gegen Ende des Ersten Weltkriegs die Wagen zum Exerzierplatz zogen.

*Kurt Müller-Graf
Staatsschauspieler*

1917 erlebten Mutter, mein ältester Bruder Willy und ich den einzigen Bombenangriff auf Karlsruhe. Es war Sonntagnachmittag und auf dem Exerzierplatz hatte der Zirkus Sarassani sein Zelt aufgeschlagen. Willy wollte unbedingt die Nachmittagsvorstellung sehen. Mutter wollte zuerst nicht, und so kamen wir zu spät. Französische Flieger hatten Bomben auf das Zelt abgeworfen. Wir rannten an den Ort des Grauens, hörten das Geschrei und sahen das Chaos: Blutende Kinder, abgerissene Beinchen und Ärmchen. Ein Bild, das ich nie vergessen werde.

Ich war acht Jahre alt, als Vater ein Jahr nach Kriegsende ein kleines Hofgut übernahm, das ein befreundeter Fabrikant als Geldanlage gekauft hatte. Für meine Schwester Emma und mich begann eine wundervolle Zeit: Schafe, Ziegen, Kühe füttern, Ochsen auf der Wiese hüten. Doch bald begann für mich der Ernst des Lebens. Ich wurde in die Maulbronner Klosterschule eingeschult und der einzige Knecht, den wir hatten, musste mich täglich mit einer kleinen Kutsche und im Winter mit einem Pferdeschlitten mit Glöckchen am Pferdegeschirr zur Schule fahren. Ein kurzes Glück, denn der Fabrikant machte pleite und Vater war plötzlich arbeitslos. Zurück in Karlsruhe zogen wir in die Kriegsstraße Nr. 5.

Zur Uhlandschule hatte ich nur fünf Minuten Gehzeit. Noch heute denke ich an meinen hochbegabten Lehrer Burkhard, der uns alles Nötige beibrachte, auch das Geldzählen, denn damals war Inflation.

Zum Einkaufen im nahen „Dörfle" gab mir Mutter einen Korb voller Geldscheine mit, aber ich brachte wenig dafür heim. Bald verdiente ich mein erstes Taschengeld. Die frommen Juden in unserer Nachbarschaft durften am Sabbat nicht arbeiten, und ich musste nur die vollen Kohleeimer in die Stubenöfen kippen.

Als Vater seine Stelle als Oberzollsekretär im Außendienst verlor, hatte er nicht den Mut, das seiner Frau zu sagen. Ein jüdischer Freund machte meinem verzweifelten Vater den Vorschlag, er solle während seiner „Dienstzeit" mit einem Handkarren in den Straßen von Karlsruhe Lumpen, Alteisen und Edelmetalle sammeln und bei ihm abliefern. Dafür zahlte er Vater das Gehalt, das er als Beamter bezogen hatte. Ein ehemaliger Kollege entdeckte Vater bei dieser nicht gerade standesgemäßen Arbeit und Mutter erfuhr die Wahrheit.

Nach einem tränenreichen Versöhnungsfest verzieh sie ihm alles. Mutter konnte ein wenig nähen und schneiderte für mich sieben Anzüge, damit ich jeden Tag einen anderen Anzug tragen konnte. So stolz war sie auf ihren Jungen, den alle für ihren leiblichen Sohn hielten. Manchmal war meine Stiefmutter sogar ein wenig eifersüchtig auf meine Schwester Emma, zu der ich zeitlebens ein besonderes geschwisterliches Verhältnis hatte und die auch eine Art Mutterersatz für mich war.

Was meine Schulzeit betrifft, so war ich in der Volksschule immer der Primus. Das änderte sich, als ich ins Goethe-Gymnasium kam. Hier hatte ich es schwer und mein einziger Lichtblick war mein Musiklehrer, der unsere jugendlichen Sopranstimmen kultivierte. Ihm verdanke ich, dass ich als Quartaner im Badischen Landestheater am Schlossplatz in Richard Wagners „Parsifal" im Knabenchor mitsingen durfte. So kam ich mit 13 Jahren zum ersten Mal in ein Theater und gleich auf den Schnürboden. „Der Glaube lebt, die Taube schwebt", sangen wir in heiliger Andacht. Und ich wusste und fühlte: Da gehöre ich hin! Egal in welcher Sparte: Bühnenarbeiter, Sänger oder Musiker.

Unsere arme fromme Mutter aber hoffte immer noch, dass wenigstens aus mir ein Pfarrer werden würde, nachdem mein Bruder Willy, obwohl er im Erzbischöflichen Konvikt in Rastatt bereits „studierte", diese Berufswahl kategorisch abgelehnt hatte.

Ab der Sexta lernte ich Latein und konnte daher die Heilige Messe auswendig „zelebrieren". Das Priestertum ist eine wunderbare Aufgabe, wenn man dazu berufen ist. Ich fühlte mich aber zum Theater hingezogen, die Berufung kam später.

Inzwischen waren wir, Vater, Mutter und ich, wieder nach Rüppurr in die Lebrechtstraße 35 gezogen. Da hatten die Eltern ein einfaches, aber geräumiges Häuschen mit einem großen Garten gebaut. Ich freundete mich mit dem Nachbarssohn an, und wir wanderten bei gutem Wetter bis zur Hedwigsquelle und plünderten unterwegs die Obstbäume.

Jetzt kam auch die Zeit der Heiligen Kommunion mit viel Gebet und Beichte und auch mein erster gekaufter Anzug. Damit konnte ich in der Kleinen Kirche an der Alb einem bildhübschen, blauäugigen, blonden Mädchen imponieren. Sprechen konnte ich nie mit ihr, weil immer die ältere Schwester in ihrer Nähe war. Daraufhin ging ich in den Kirchenchor, wo der ehemalige „Sängerknabe" freudige Aufnahme fand. Aber das mit dem Mädchen blieb vergebene Liebesmüh.

Eines Tages klärte mich meine Schwester Emma darüber auf, dass meine Mutter, die mich immer voller Verständnis und liebevoll erzogen hatte, gar nicht meine leibliche Mutter sei.

Bei mir bewirkte das allerdings keinen seelischen Einbruch. Ich liebte meine Stiefmutter, die die Gutmütigkeit und Rechtschaffenheit in Person war und etwas ungemein Rührendes in ihrem Wesen hatte, das beschützt werden wollte.

Bald schon gab es in der Schule Probleme, obwohl Mutter mich fleißig lateinische Vokabeln abhörte. Meine Noten in Latein und Mathematik wurden immer schlechter, so konnte ich sicher nicht bis zum Abitur kommen.

Aus Theaterkreisen hörte ich, dass man nicht unbedingt das Abitur vorweisen musste, um Schauspieler werden zu können, die Hauptsache wäre Talent!

Als ich mit meiner Schulklasse den „ Wilhelm Tell" besuchte, war mir plötzlich klar, dass ich Schauspieler werden müsste. Nicht Opernsänger, nicht Bühnenarbeiter oder Musiker, nein, SCHAUSPIELER, wie der junge „Rudenz" oder später der „Attinghausen". Das Programmheft hob ich sorgfältig auf. Im Programmzettel las ich: „In Szene gesetzt von Felix Baumbach".

Das war wohl die entscheidendste Weichenstellung meines jungen Lebens, denn Baumbach war der führende, große alte Schauspieler und zugleich Oberspielleiter. Er nahm mich als Schüler an. Jede Woche wollte er mich eine Stunde unterrichten. Natürlich könnte er mich ohne jedes Honorar in die Welt des Schauspiels einführen. Aber dann würde ich bequem werden. „Das Honorar muss wehtun, sonst wird nicht fleißig gearbeitet", befand er, als ich ein wenig zusammenzuckte. Fünf Reichsmark! Woher nehmen, wenn die Eltern von all dem nichts wissen durften?

Inzwischen hatten sich die Schwierigkeiten im Goethegymnasium so zugespitzt, dass ich beschloss, das seriöse und hochgeachtete Bildungsinstitut zu verlassen. Oder beschloss es die Schuldirektion?

Und irgendwann wurde ich entdeckt. Mit dreizehn Jahren Sängerknabe im „Parsifal" und mit siebzehn als Statist im „Andreas Hofer" bei den Volksschauspielen in Ötigheim mit einem einzigen Satz. „Des kann der sage! Der hat so eine laute Stimm!", sagte Pfarrer Josef Saier, der Gründer und allmächtige Leiter der Volksschauspiele Ötigheim, und deutete auf mich. Dieser erste Satz: „Niemand hier! Kein Mensch im Haus!" war die erste Stufe zum Tempel der Göttin des Theaters: THALIA.

Mamas Liebling

Joachim Nagel

Wir waren eine ganz normale Familie. Mein Vater arbeitete im öffentlichen Dienst und war als Finanzbeamter zunächst beim Finanzamt am Schlossplatz und später an der Oberfinanzdirektion in der Moltkestraße angestellt. Meine Mutter war Hausfrau, was ich als Kind sehr angenehm und wohltuend empfunden habe, denn sie war immer für mich da. Bei uns daheim ging es ziemlich unkompliziert zu. Meine Eltern hatten beide nicht studiert und auch kein Abitur. Ich hatte immer den Eindruck, dass eigentlich Mutter das Familienoberhaupt war. Wenn sie gesprochen hatte, dann war das endgültig und die Familie hat das auch akzeptiert. Mutter war spontan und ausgesprochen herzlich. Wichtig war in unserer Familie das gemeinsame Abendessen, das war so eine Art fester Ritus.

Der Zusammenhalt in unserer Familie ist für mich auch heute noch ganz wichtig und ein tragendes Netz. Meine Schwester etwa. Sie musste sich immer mit dem neun Jahre jüngeren Bruder abmühen. Der Bruder, der in ihren Augen allzu sehr verhätschelt wurde. Sie hat mir dieses Privileg des Jüngsten in der Familie nie wirklich übel genommen. Ich

Joachim Nagel
Bundesbanker

bin ihr bis heute für so vieles dankbar. Zur Familie gehört auch meine Tante Brigitte und ihr Mann – mein leider mittlerweile verstorbene Onkel Ahmad, der aus Syrien stammte. Bei uns war es somit immer ein wenig multikulturell. Meine Tante, die für mich wie eine zweite Mutter ist, hat mir und meinem Cousin auch das Schwimmen beigebracht. Oft sind wir im Sommer zusammen ins Durlacher Freibad geradelt. Meine Eltern sind beide Nichtschwimmer, und das mag auch der Grund dafür sein, dass wir unsere Ferien meistens in den Bergen und nicht am Meer verbracht haben. Und so kommt es, dass ich heute noch in den Ferien lieber in die Berge als ans Meer fahre.

Alles fand in unserer Familie wenig aufgeregt statt – in die eine, wie in die andere Richtung. Ich kann mich etwa nicht daran erinnern, dass mein Vater mich als Kind viel gelobt oder getadelt hätte. Ohrfeigen oder gar Gewalt gab es nicht in unserer Familie. Ich hatte ziemlich viele Freiheiten, aber es war auch immer eine unterschwellige Erwartungshaltung vorhanden, was von mir schulisch bzw. später an der Universität erwartet wurde. Diese Erziehungsmaxime meiner Eltern – ich bin mir nicht sicher, ob dies ihrerseits bewusst geschah – hat für mich funktioniert und ich bin damit insgesamt gut gefahren. Ich habe meinen Weg gemacht, auch ohne überbordendes Lob seitens der Eltern. Nur ein einziges Mal hat mein Vater zu mir gesagt, wie stolz er auf mich ist: „Das hast du gut gemacht", meinte er, als ich an der Universität Karlsruhe meinen Doktor in Wirtschaftswissenschaft machte.

Meine Eltern stammen aus Hagsfeld und zogen kurz vor meiner Geburt in ein Haus, das sie in der Waldstadt gebaut hatten. Großvater hatte ihnen dort ein Grundstück geschenkt, einen Acker, der als Baugelände freigegeben wurde. Damals gab es in Hagsfeld noch mehrere Familien, die Landwirtschaft als Nebenerwerb betrieben. Ein Erlebnis aus meiner Kindheit fällt mir ein. Meine Großeltern hielten Stallhasen und natürlich gab es öfters Hasenbraten. Einmal kam ich zufällig dazu, wie Großvater einen Stallhasen mit einem Genickschlag tötete. Seit dem Tag habe ich nie wieder Hasenbraten angerührt.

Was mich in meiner Kindheit prägte, war sicher auch der Sport im Verein. Mein Vater war Mitglied im ASV Hagsfeld und spielte dort in seiner Jugend Fußball. Auch ich wurde ein begeisterter Fußballspieler. Viele Freundschaften aus dieser Zeit haben bis heute Bestand. Damals suchten die klassischen Fußballvereine nach einem zweiten Standbein. Das war Tennis, und so kam es, dass ich bereits mit zehn Jahren Tennisspielen lernte, was auch heute noch meine Passion ist. Tennis wurde zum Breitensport, der für alle erschwinglich war. In meinem Verein habe ich mich von Anfang an engagiert als Abteilungsleiter und Sportwart, der sich um den Nachwuchs kümmert. Leider hat der Tennissport heute im Vergleich zu den Boomjahren deutlich an Attraktivität verloren, auch in meinem Verein.

Wenn ich an meine Schulzeit denke, dann muss ich zugeben, dass ich sicherlich nie ein exzellenter Schüler war. Ich fiel in der Klasse nicht besonders auf, und ich hatte auch nie das Verlangen zu protestieren oder die Autorität meiner Lehrer in Frage zu stellen. Alles, was mit den mathematisch-naturwissenschaftlichen Fächern zusammenhing, fiel mir eher leichter, aber total unbegabt war ich in Kunst. „Du bist halt der Liebling der Lehrer", hat mir einmal ein Schulkamerad gesagt, der im Zeichenunterricht einen wunderschönen Paradiesvogel mit Wachskreide gemalt hatte. Mein Kunstwerk war wirklich misslungen, aber die Lehrerin hatte mir die Note 1– und ihm eine 2–3 gegeben. Wenn ich ihn heute treffe, dann habe ich immer noch das Gefühl, dass er mir das nachträgt, jedenfalls erinnert er mich immer daran.

In der Ernst-Reuter-Grundschule fiel mir zum ersten Mal auf, dass ich richtig Karlsruherisch redete. Auch daheim sprachen wir Dialekt, aber in der Waldstadt gab es viele Kinder, deren Eltern beim Kernforschungszentrum oder beim Fraunhofer-Institut arbeiteten. So sprachen meine Klassenkameraden meist Hochdeutsch und ich schrieb in einem Diktat statt „Kartoffeln" einfach „Grumbiere", so hieß das halt bei uns in Hagsfeld.

Später dann im Otto-Hahn-Gymnasium habe ich mich immer auch in der Schülermitverwaltung, und zwar als „Finanzresortleiter", engagiert. Vielleicht habe ich damals schon geahnt, wie wichtig es ist, wenn man die Hand auf der Kasse hält, aber dass mich mein Schicksal dazu bestimmt hatte, eines Tages im Vorstand der Bundesbank für die Währungsreserven Deutschlands verantwortlich zu sein, hätte ich mir wohl nie träumen lassen.

Aber es ist schon eigenartig, dass ich unserer Abiturzeitung unter der Rubrik, was ich einmal werden wollte, als Berufswunsch „Wirtschaftswissenschaftler" angab. Wie schon gesagt, ich war im Grunde ein „braver Schüler", kein Rebell. Nachzulesen in meiner alten Abizeitung, wo mir meine Mitschüler – sicherlich nicht zu meinem Gefallen – kurz und bündig folgendes Zeugnis ausstellten: „Mamas Liebling". Mit dem Urteil muss ich bis heute leben, je älter ich werde, umso mehr bin ich damit einverstanden.

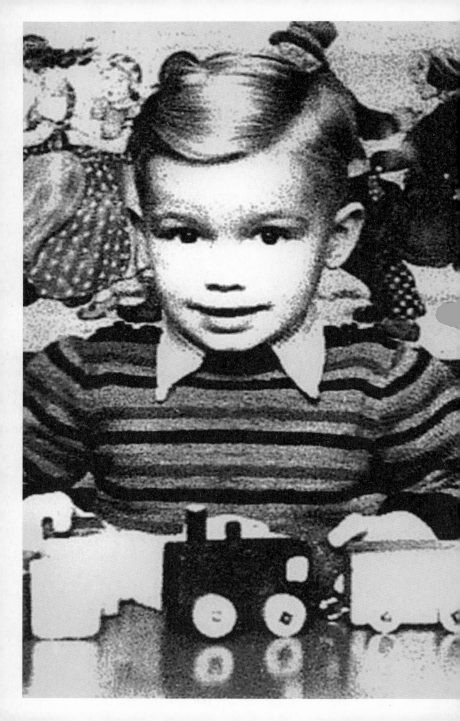

HOPFENDUFT UND „LÖCHLE-SPIEL"

Günther Nonnenmacher

Die ersten Bilder in meiner Erinnerung zeigen die Moninger-straße, in der ich aufgewachsen bin. Ihren Namen hatte diese Straße von der Brauerei Moninger, deren imposante Fassade aus rotem Sandstein fast zwei Drittel der einen Straßenseite einnahm. Die Moningerstraße, zweihundert oder dreihun-dert Meter lang, verbindet Sophien- und Kriegsstraße, von den älteren Bewohnern wurde sie noch Grenzstraße genannt – vielleicht ein Hinweis darauf, dass die Stadt hier einmal zu Ende war.

Mit der Brauerei Moninger sind Ge-rüche und Eindrücke verbunden: Immer wenn dort gebraut wurde – eine Mauer des großen Geländes zwischen Monin-ger-, Kriegs- und Lessingstraße grenzte unmittelbar an das Haus, in dem mein Vater und mein Onkel ihren Betrieb hat-ten und in dem wir auch wohnten –, er-füllte ein herber Hopfenduft die ganze Straße. Hinter der Mauer zu unserem Grundstück waren damals noch die Stal-lungen der Brauerei. Morgens konnte man die Wagen mit großen, hölzernen Bierfässern, gezogen von einem Gespann schwerer Pferde mit Kutschern, die po-lizeimützenhafte Kopfbedeckungen tru-

Günther Nonnenmacher
FAZ-Herausgeber

gen, aus der Ausfahrt herausfahren und in die Straße einbiegen sehen; abends kehrten sie mit leeren Fässern zurück. Ein Nebeneffekt der nahen Stallungen war es übrigens, dass uns im Sommer immer Schmeißfliegen plagten.

Die Moningerstraße war stark gewölbt und hatte hohe Bordsteine. Das machte es schwierig, auf der Straße Fußball zu spielen. Wir taten es dennoch – es war ja nur eine „technische" Hürde –, weil es in den fünfziger Jahren kaum Autos gab, die dort geparkt hätten. Es war vor allem deshalb reizvoll, weil die vergitterten Kellerfenster der Brauerei ein Spiel ermöglichten, das wir „Löchles" nannten: Da konnten beliebig viele Spieler mitmachen, jeder musste sein eigenes Tor – eben das „Löchle" genannte Kellerfenster – gegen die anderen verteidigen. Das führte dazu, dass sich immer zwei oder drei Spieler gegen einen oder zwei andere verbündeten, um diese auszuspielen und Tore zu erzielen. Die Ergebnisse waren entsprechend, der Spielendstand lautete bei fünf Spielern zum Beispiel 8:5:6:2:7.

An unser Haus, die Nummer 13, grenzte auf der anderen Seite das Franziskus-Haus an. Es war und ist, soweit ich weiß, bis heute ein Altersheim; damals wurde es von Nonnen mit großen, flügelartigen weißen Hauben geleitet – an den Namen der Oberin, Schwester Leolila, erinnere ich mich noch. Das Franziskushaus hatte einen für Kinderaugen riesigen Innenhof, im Hinterhaus gab es eine Kapelle und eine Nähschule, die ich manchmal besuchte, um meine Mutter abzuholen. Sie nähte dort Hosen oder Hemden für mich – aus Stoffen, die ich-weiß-nicht-woher kamen, manchmal auch aus abgelegten Kleidern meines Vaters oder des verstorbenen Großvaters. Im Hochparterre zur Moningerstraße hin war ein Kindergarten, in den ich mit vier Jahren kam. Ich bin da nicht gerne hingegangen, obwohl die Schwestern freundlich waren; zum Trost war allerdings der „Heimweg" gerade einmal zehn Meter weit, und manchmal konnte ich meinen Vater, meine Mutter oder die Oma auf der Straße vorbeigehen sehen. Zu den einem Stadtkind auffallenden Besonderheiten gehörte es, dass es im Franziskus-Haus auch Schweineställe gab. Ein „Knecht" zog morgens mit einem kleinen Leiterwagen, der mit Abfallkübeln gefüllt war, vor unserem Haus vorbei, um den Schweinen Futter zu bringen. Übrigens hat sich im Franziskus-Haus dreißig Jahre später, ich war gerade nach Frankfurt umgezogen, ein familiärer Kreislauf geschlossen, weil meine Großmutter mit über 90 Jahren ihre letzten beiden Lebensjahre in diesem Altersheim neben „unserem Geschäft" verbrachte.

Meine Volksschule – so hieß das damals noch – war die Leopoldschule, natürlich in der Leopoldstraße gelegen. Diese Schule hatte schon mein Vater acht Jahre lang besucht; einer der Lehrer hatte, allerdings in einer anderen Schule, bereits meine Mutter unterrichtet. Die meisten Lehrer – an eine Lehrerin kann ich mich nicht erinnern – hatten den Krieg mitgemacht und waren teilweise verbittert – so erkläre ich mir heute ihr Verhalten. Einem fehlte ein Bein, alle pflegten nicht gerade das, was man heute einen kindgerechten Unterricht nennen würde. Es wurde mit den Schülern ziemlich grob umgesprungen: Zu den unvergesslichen Erinnerungen gehört es, dass der Lehrer der ersten Klasse, kaum vier Wochen nach Schulbeginn, eine Stimmbandlähmung bekam und für Monate ausfiel. Ich sah das als Folge seiner ständigen Brüllerei an, vor allem auch als Rache dafür. Der Einbeinige pflegte, wenn die Schüler nicht ruhig waren, mit einer kurzen Körperdrehung den Schwamm in die versammelte Schülerschaft zu schleudern, ab und zu war es auch sein umfangreicher Schlüsselbund. Außerdem gab es häufig Ohrfeigen und regelmäßig „Tatzen" mit dem Rohrstock, wofür der Schüler oder die Schülerin vortreten und die Hand ausstrecken musste. Einen nachhaltigen Eindruck oder gar gute Erinnerungen haben diese vier Schuljahre bei mir nicht hinterlassen. Gezeichnet oder gar traumatisiert haben sie mich allerdings auch nicht.

Es war vermutlich ein ganz normaler Schulalltag der damaligen Zeit, man dachte nicht sonderlich über die Grobheiten der Lehrer oder die Demütigung schwacher Schüler nach – selbst wenn man das durchaus als ungerecht empfand.

Der Übergang zum Gymnasium war eine Aufnahmeprüfung (Diktat, Aufsatz, Rechenarbeit), bei der den Zehnjährigen die neogotischen Gewölbe der Goetheschule, die ich dann neun Jahre lang besuchte, beeindruckten und auch ein wenig bedrückten. Von den vier oder fünf Schülern aus meiner alten Schule, die diese Prüfung zusammen mit mir bestanden, ist keiner im selben Klassenverbund bis zum Abitur geblieben. Die Moningerstraße und ihre Umgebung waren kein Wohnort für besser gestellte Kreise, die ihre Kinder besonders förderten. Meine Eltern waren da, wie ich heute weiß, die Ausnahme von der Regel.

Als ich zwölf oder dreizehn war, zogen wir von der Moningerstraße in die Neckarstraße im Weiherfeld. Es war ein Umzug aus der Weststadt, nahe bei der Stadtmitte, an die Peripherie, nahe bei Rüppurr. Erfreulich daran war allerdings, dass ich ein eigenes Mansarden-Zimmer bekam und das Haus nicht weit vom Rüppurrer Freibad weglag. Es war aber auch der Umzug aus einer Straße, in der es viel handwerkliches Kleingewerbe und zwei kleine Läden gegeben hatte, in ein Vorstadtviertel mit wenigen Geschäften. Es war darüber hinaus der Abschied von den ziemlich vielen Kindern, die in unserem alten Haus oder in der Moningerstraße gewohnt hatten, in ein Haus, in dem es fast nur ältere Leute gab – das ganze Weiherfeld kam mir wie eine Rentnerkolonie vor. Zwar hatten wir jetzt einen Garten, aber die alte Straße mit ihren verwinkelten Hinterhöfen, in denen man Verstecken spielen konnte oder über deren Mauern man klettern konnte, um in die Hinterhöfe der Parallelstraßen – Lessing- oder Scheffelstraße – zu kommen, gab es nicht mehr. Frühkindliche Bekanntschaften brachen ab, die Straßenfreunde waren fern. Als sonderlich dramatisch habe ich das allerdings nicht erlebt, weil seit meinem Wechsel in die Goetheschule sowieso ein neuer Freundeskreis entstanden war: Da spielte nicht nur die örtliche Trennung, sondern auch soziale Selektion eine Rolle.

Eine frühe Erinnerung ist auch der Weg zum „Badischen Konservatorium für Musik", wo ich zuerst – im Alter von vier Jahren – Flötenunterricht bekam, dann Klavier und schließlich auch noch Gambe und Cello lernte. Dieser Weg führte über die Kaiserallee hinweg, am „Kaloderma-Rathaus" vorbei, die Riefstahlstraße entlang. Zuerst legte ich ihn zusammen mit meiner Mutter zurück, als ich später mit dem Fahrrad allein zum Unterricht fuhr, hatte ich immer den langgezogenen Gefängnisbau im Blick, der, wie mir heute scheint, zu dem gutbürgerlichen Viertel, in dem es alte Häuser und hübsche Villen gab, überhaupt nicht passte.

Das Goethe-Gymnasium, das ich vor einigen Jahren anlässlich seines 100-jährigen Bestehens erstmals wieder besucht habe, war damals eine reine Jungenschule. Aber „die Weiber", wie es spätestens mit Beginn der Pubertät hieß, waren nicht weit davon im „Fichte", auf der anderen Seite des Karlstors. Den Wechsel ins Gymnasium habe ich, schon was die Qualität des Unterrichts, die Anforderungen und das Verhalten der Lehrer anging, als Einschnitt erlebt. Auch die Schüler kamen aus anderen, besser gestellten Familien, als Handwerkersohn war ich fast die Ausnahme unter Söhnen von Architekten, Steuerberatern, Großhändlern, Ärzten oder Lehrern. Neue Freundschaften ergaben sich nicht mehr aus örtlicher oder sozialer Nähe, sondern aus gemeinsamen Interessen. Das Wichtigste davon – wir sind in den sechziger Jahren, in denen die Beatles und die Rolling Stones aufkamen, die ich bei zwei Sprachaufenthalten in England kennengelernt hatte – war die Musik. Wir waren vom Drum und Dran der Beatmusik, von den langen Haaren, von der extravaganten Kleidung begeistert. Wer irgendeine Art von musikalischer Vorbildung oder auch nur Spaß an Musik hatte, fühlte sich berufen, eine „Beat"-Gruppe aufzumachen.

Ich konnte nicht Gitarre spielen, das Klavier war nicht transportabel, die kleinen elektronischen Orgeln kamen erst später auf. Da ich aber Noten lesen konnte und auch Kenntnisse in Harmonielehre hatte, tat ich mich mit einem Schulfreund zusammen, der Cello gelernt und sich das Gitarrespielen selbst beigebracht hatte. Auf der Gitarre herumschrammeln konnten oder wollten viele, Schlagzeuger wollten alle werden, also übernahm ich das Instrument, das im Grunde allen fremd war, und spielte Bass. Meinem Vater leierte ich nach langem Reden das Geld aus den Rippen, um denselben Bass zu kaufen, den Paul McCartney benutzte – den „Beatles-Bass" von Höfner, dessen Korpus wie eine Geige geformt war. Zur elektronischen Verstärkung benutzten wir zuerst alte Radios, der Schlagzeuger hatte eine rudimentäre Schießbude, „Übraum" war zunächst ein Partykeller, den der Vater eines Schulfreundes sich eingerichtet hatte. Die Besetzung der Band, die sich „The Tories" nannte – nach dem Spitznamen der Konservativen Partei in England, den ich dort aufgeschnappt hatte –, wechselte in den nächsten Jahren mehrfach: Der Schlagzeuger, der sich zu den Proben immer heimlich schleichen musste, wurde von seinem strengen Vater erwischt und bekam „Musikverbot"; mehrere Rhythmusgitarristen waren den zunehmend kompliziert werdenden Songs nicht gewachsen. Aber circa zwei Jahre vor dem Abitur war die endgültige Vierer-Mannschaft zusammen: Wir spielten auf Schulbällen, bei Tanzstunden-Abschlussfeiern, auch als „Zweitband" für die Jungen bei größeren Festen – einmal sogar beim Karlsruher Großereignis, dem Ball der Luftwaffengruppe Süd auf einer Nebenbühne in der Schwarzwaldhalle, dann im Baden-Badener Spielcasino. Anlässlich der Bundesgartenschau – oder war es ein anderes lokales „Event"? – wurde die „Seebühne" im Stadtgarten eingerichtet, wo wir öfter auftraten. Es gab

Auftritte im Starclub auf der Kaiserstraße, wo Beat-Wettbewerbe ausgetragen wurden und wir grüne Jungs Erscheinungen des Rotlicht-Viertels kennenlernten. Dazu kamen Jobs auf eigene Kasse – irgendein Elternteil verkaufte Tickets am Eingang –, die Schulfreunde aus dem Umland für uns auftaten, etwa in den Sälen von Gaststätten in Linkenheim oder Leopoldshafen, in Rastatt oder Kuppenheim. Einmal waren wir Beiprogramm der „Flippers" – die wir verachteten, weil sie deutsch sangen – in der Kärcherhalle Weingarten: Auf diese Weise habe ich viele Orte im Umland kennengelernt, die heute „eingemeindet" sind.

Es war eine tolle Zeit, wir waren unter den Mitschülern fast so etwas wie Stars, kamen bei den Mädchen gut an und verdienten sogar ein bisschen Geld (das allerdings sofort wieder in neue Verstärker investiert wurde). Später, nach meiner Bundeswehrzeit, deren Beginn das Ende der „Tories" war, habe ich in anderen Bands gespielt, vor allem in amerikanischen Clubs. Es war eine wunderbare Art, Neues dazuzulernen – die Rockmusik wurde mit „Blood, Sweat & Tears" oder „Chicago", mit Soul und Funk immer komplizierter und interessanter –, vor allem aber half es dabei, mein Studium zu finanzieren. Dieses führte mich nach Freiburg, Frankfurt und schließlich nach Heidelberg. Ich hatte inzwischen eine Familie gegründet, die Examina rückten näher, ich überlegte mir, was ich später beruflich tun sollte – aber das ist eine andere, neue Geschichte, die nicht mehr in Karlsruhe spielt.

„WER VOR DIR STEHT, IST ERNST ZU NEHMEN"

Brinna Otto

Meine Karlsruher Geschichte beginnt mit einem Erlebnis meiner außergewöhnlichen Großmutter, der meine Familie das Haus in der Klosestraße 3 verdankt. Hier bin ich aufgewachsen, bis mich mein Lebensweg an die Universität Innsbruck führte, wo ich fast 30 Jahre klassische Archäologie lehrte.

Meine Großmutter Dorothea lebte einst mit ihrem Mann Bruno Stößinger in Kurland, im Deutsch-Baltikum, in den Städten Riga und Mitau. Letzteres war ein Kurort, ein Sol- und Schwefelbad. Bruno Stößinger besaß dort ein großes Eckhaus. Er liebte die deutsche, aber auch die russische Literatur. Mit der lettischen Bevölkerung Kurlands verband ihn wenig, da sie einfache Menschen ohne besondere kulturelle Äußerungen waren. Allerdings förderte er als Gymnasialprofessor für Deutsch und Latein jeden Schüler gleicherweise, sei er nun Lette oder Deutscher. Während des Ersten Weltkrieges, nachdem die baltischen Länder Estland, Lettland und Livland autonom geworden waren, begannen im alten Baltenland die ethnischen Vertreibungen mit Hinrichtungen der höher gestellten Deutschen, der Staatsbeamten, der Politiker, der Geistlichen und natürlich der Lehrer.

*Brinna Otto
Archäologin*

153

Das Eckhaus in Mitau hatte zwei Nachbarn. Das Haus zur Rechten bewohnte ein Deutscher, der eine Lettin geheiratet hatte. Im Haus zur Linken wohnte eine lettische Familie. Oma hielt nach beiden Seiten hin gute Nachbarschaft. Eines Nachts, als die Familie des Großvaters schon zur Ruhe gegangen war, klopfte es leise aber anhaltend ans Schlafzimmerfenster. Als Oma das Fenster öffnete, stand dicht ans Haus geschmiegt die lettische Nachbarin und flüsterte ihr zu, es sei beschlossene Sache, dass der Gymnasialprofessor Stößinger nächste Nacht abgeholt werde. Es war das Jahr 1917 und deutsche Divisionen aus Freiwilligen standen noch im Baltikum. So fasste der Großvater den schnellen Entschluss mit seiner Familie zur nächsten deutschen Division zu flüchten, um nach Deutschland zu gelangen, wo in Karlsruhe an der bekannten Technischen Hochschule die beiden Söhne, Siegfried und Hugo, Elektrotechnik studierten. Noch in selbiger Nacht wurde von der Familie das Nötigste zusammengepackt. Bei Tagesanbruch ging Großvater zum deutschen Nachbarn, besprach mit ihm alles und autorisierte ihn, in seinem Sinne zu agieren und gleichsam ihn zu vertreten. Durch verhüllende Kleidung unkenntlich gemacht, begann eine dramatische Flucht, die in Karlsruhe in einer kleinen Mansarde im Schlossbezirk endete. In diesem nicht ganz regendichten Zimmer lebten jetzt fünf Menschen: Großvater, Großmutter, die beiden Söhne und die Tochter Rohtraut. Geld musste verdient werden. Flüchtlingshilfe gab es damals noch nicht. Die beiden Studenten fanden eine Anstellung als Nachtwächter bei der Firma Hoepfner. Oma ließ ihre Adresse mit der Bitte um Näharbeiten in der Bäckerei, in der Metzgerei und im Gemüseladen. Sie bekam Aufträge als Weißnäherin, Flickerin und Schneiderin und ernährte so die Familie. Als ein Auftrag sie zur Frau des Finanzministers Köhler führte und sie während der Arbeit der freundlichen Dame ihr Schicksal offenbarte, verschaffte deren Gatte dem Großvater eine kleine Stelle in der Verwaltung. Den sozialen Abstieg aber, er war in einem reichen Kaufmannshaus in Riga mit einer Gräfin als Mutter geboren worden, verkraftete Großvater nicht. Er starb. Aber auch heute noch gehen wir zur Grabstätte auf dem Hauptfriedhof nicht ohne dankbares Gedenken am würdigen Köhlergrab vorbei.

Eines Tages erhielt Oma von der lettischen Nachbarin aus Mitau einen Brief, in dem es hieß: Kommen Sie nach Mitau und stehen Sie für Ihr Recht ein. Das Gemeindeamt habe bekannt gemacht, dass alle Liegenschaften, die keinen Eigentümer mehr hätten, dem Fiskus anheim fielen. Der deutsche Nachbar habe es verabsäumt, einen Besitzerschein für die Familie Stößinger auf dem Gemeindeamt zu holen und deshalb die wertvolle Liegenschaft für einen Schleuderpreis von 200 Mark an einen Interessenten verkauft. Ihre Familie habe den Schein für die Stößingers geholt und hielte ihn für sie bereit.

Oma war beherzt, gehüllt in einen alten Soldatenmantel fuhr sie los. Sie war ein kleiner Mensch. Sie ging dem fast zwei Meter großen Großvater nur bis zur Achsel. Er pflegte dazu zu sagen, so müsse es bei der Frau sein. Sie müsse dem Mann bis zum Herzen reichen und dürfe ihm nicht über den Kopf wachsen. Dennoch nannte er Oma den kleinen General. Ihr Wahlspruch aber war: „Mit Gott drauf und dran!" In Mitau erhielt Oma von der lettischen Familie den gelben Besitzerschein und sprach dann beim deutschen Nachbarn vor. Dieser erklärte ihr, dass sie leider nicht mehr die Besitzerin des Eckhauses sei. Dieses gehöre jetzt einem gewissen Herrn, der es für 200 Mark vertraglich gekauft und ein Handgeld von 50 Mark angezahlt habe. Oma wandte sich daraufhin an einen Rechtsanwalt, der ihr aber nur bestätigte, dass der Kauf rechtsgültig sei, da eine Anzahlung in Form eines Handgeldes geleistet und angenommen worden war. Tief betroffen und, wie es ihre Art war, sich an den himmlischen Vater um Hilfe wendend, schritt Oma durch die Straßen. Wie durch einen Zwang aufblickend sah sie vor sich die Kanzlei eines jüdischen Rechtsanwalts. Mit neuer Hoffnung suchte sie diesen auf. Er bestätigte alles, was sein Vorgänger gesagt hatte. Als aber Oma ausrief: „So gibt es für mich keinen Ausweg aus dem Dilemma", sagte er mit einem kleinen Lächeln: „Es gibt immer einen Ausweg. – Sie müssen eine angesehene Person in der lettischen Regierung finden, die Ihnen um ein Vielfaches des ausgemachten Preises das Haus abkauft. Dann kann man argumentieren, dass der Verkauf des Hauses für 200 Mark unreell war und im Interesse des lettischen Funktionärs rückgängig zu machen sei." „Ach", rief Oma, „ich bin ja ein Flüchtling, ein ethnisch verfolgter und vertriebener Mensch, wie sollte ich einen Freund in der lettischen Regierung finden!" „Das ist leider der einzige Rat, den ich Ihnen geben kann", sagte der jüdische Rechtsanwalt. Seine Tür schloss sich hinter Oma. Wieder stand sie allein und um eine Hoffnung ärmer auf der Straße. Mechanisch, ohne nach rechts oder links zu blicken, setzte sie Schritt vor Schritt und betete. Plötzlich erschrak sie bis ins Innerste. Eine Männerstimme hatte ihren Namen gerufen. War sie trotz Kopftuch erkannt worden? Sie blieb stehen, die Knie zitterten ihr, als ein hochgewachsener Mann von der anderen Straßenseite auf sie zukam. „Sie sind doch Frau Stößinger? Kennen Sie mich denn nicht mehr? Ich bin der Johannson aus der 6. Gymnasialklasse, den Sie einmal durchfütterten als die Eltern vergaßen, mir das Pausenbrot mitzugeben! Wie geht es denn meinem alten Professor?" Oma fing an zu weinen. Er stützte sie und führte sie zu einer Bank. Hier erzählte ihm Oma alles. Auch er war betroffen, nahm aber, als Oma geendet hatte, ihre Hände fest in die seinen und sagte: „Den Mann, den Sie suchen, haben Sie gefunden. Ich bin Lette, Regierungssekretär und wohlhabend. Da ich eine Familie gründen will, kaufe ich gerne das Haus meines alten Lehrers und zahle Ihnen das Vielfache – was immer der Rechtsanwalt bestimmt, damit es Ihnen in Deutschland besser geht!" Oma sah den Himmel offen. Noch wankend, geführt von Johannson, ging sie zurück zum jüdischen Rechtsanwalt. Der rieb sich vergnügt die Hände und regelte alles.

Oma kehrte mit 27.000 Mark nach Deutschland zurück. 9.000 Mark erhielt jedes Kind. Für Mamas 9.000 Mark wurde 1929 das Haus in der Klosestraße Nr. 3 gekauft. Den aufgenommenen Kredit versprachen die Vermietungen der drei Wohnetagen zu tilgen, weshalb meine Eltern, Rohtraut und Wilfried Otto, zunächst in Mannheim in meines Vaters Elternhaus wohnten. Beide, unter anderem an der Kunstakademie in Karlsruhe in der Meisterklasse von Wilhelm Schnarrenberger ausgebildet, gründeten in Mannheim eine private Kunst- und Mode-Akademie, die florierte und in großem Ansehen stand, bis der Zweite Weltkrieg ihr ein Ende setzte.

Als mein Vater 1945 aus amerikanischer Gefangenschaft zurückkehrte, richtete er unser Karlsruher Haus notdürftig wieder her und ließ seine Familie nachkommen. Er fand eine Anstellung als Bühnenbildner am Karlsruher Staatstheater und für uns Kinder begann eine sonnige Kindheit. Meinen Bruder Tjard Richard und mich trennte altersmäßig nur ein Jahr, so hielten wir fest zusammen. Allerdings liebte er es zu basteln und zu bauen, während mir Rollschuh laufen, Radfahren und alle Bewegung am Herzen lag. Für Kopfball und Treiberball war die Klosestraße eine herrliche Strecke. Vom zehnjährigen Freund Heinz Rupp aus der Bahnhofstraße lernte ich, flache Steine über den Wasserspiegel eines Sees im Stadtgarten hüpfen zu lassen und das richtige, ausholende Werfen von Bällen. Gegen die „Südstadtbande" taten sich die „Klosesträßler", verstärkt durch die Kinder der Bahnhofstraße, zusammen. Mal wurden die einen zurückgetrieben, mal die anderen. Ein gutes Training für spurloses Verschwinden war das Verstecken im Kornfeld, das den Platz zwischen Gutschstraße, Bahnhofstraße und Beiertheimer Allee bedeckte und auf dem sich heute der Bau der Karlsruher Lebensversicherung erhebt.

Allerdings wurde das Feld zumeist von einem Flurschütz umschritten. Aber der konnte seine Augen auch nicht überall haben. Eine zweite Amtsperson war der würdige, etwas beleibte Schutzmann des Bezirkes, der die zu wilden Buben bei den Ohren nahm und für uns Mädchen ein warnendes Lächeln hatte. Als wir in der Volksschule, der Südendschule, in tägliche Raufereien verstrickt wurden, nahm uns Mama an die Hand und ging mit uns zur Polizei. Dort erklärte sie die Situation und sprach den Wunsch aus, sie suche für uns einen Judo-Lehrer, damit wir lernten, uns selbst zu verteidigen ohne dem Gegner zu schaden. Seit jenem Tag kam Inspektor Weber zu uns in die Klosestraße und wir lernten, ausgestattet mit einer Luftmatratze, neben Fallübungen und Schulterwürfen auch Entfesselungs- und Verteidigungsgriffe. In der Volksschule und auch noch in den unteren Klassen des Bismarck-Gymnasiums hieß es deshalb bald: „Au, die können Tricks", und wir wurden in Ruhe gelassen. Da Karlsruhe zeitweilig zur amerikanischen Besatzungszone gehörte, war unsere Jugend auch von der Begeisterung für das Land der unbegrenzten Möglichkeiten, für seine Filme und seine Sprache geprägt. Wir gründeten den ‚Black Tiger Club' und später die Vereinigung der ‚Space Patrol', der Weltraumpatrouille. An ihrer Spitze stand mein Bruder als Richard Mac Kinley, Commander-in-chief of space patrol, dann kam ich als Bill Corey, Commander of space patrol. Ein Schulfreund von Tjard, Gerd Runge, diente als Major Garry Gray usw.

Im Elternhaus bewohnte die erste Etage die Familie des Architekten Gremmelsbacher. Die Mutter war Besitzerin der Apotheke am Marktplatz. Die zweite Etage hatte eine Installateursfamilie gemietet. Diese nutzten den Mieterschutz, der in der Nachkriegszeit bestand, aus und zahlten drei Jahre lang keine Miete. Als die Spiele ihrer „halbstarken" Söhne auch noch einen rasch um sich greifenden Speicher- und Mansardenbrand auslösten, kamen kaum aufbringbare Ausgaben auf die Eltern zu. Unsere Familie erlitt ein Trauma, das es uns für alle Zeiten unmöglich machte, Mieter im Haus aufzunehmen. Aus der damaligen Misere half Onkel Siegfried Stößinger, der, im Badenwerk tätig, Stadtrat geworden war. Er teilte uns mit, dass der Mieterschutz nicht inkrafttreten konnte, falls eine Wohnung zu gewerblichen Zwecken benötigt wurde. Mama beschloss, ihre Mannheimer Akademie hier wieder in kleinem Rahmen aufleben zu lassen und inserierte in der Zeitung die Eröffnung der privaten Kunst- und Modezeichen-Akademie Otto-Stößinger in der Klosestraße 3. Zwei Schülerinnen meldeten sich: Sigrid Rausch und Annemarie Cords. Bald kamen noch Heinz Barisch und Dieter Rösch hinzu. So klein begann die Fachschule in der Klosestraße, die mit drei Klassen 20 Jahre bestehen sollte. Die Installateursfamilie aber wurde von der Stadt zwangsausgesiedelt.

Mein Bruder und ich, wir genossen die neue Ära: selbst jung zu sein und dort zu leben, wo junge Menschen hofften und strebten. So standen wir beide gerne am Nachmittag in Modeposen Modell für Schnellskizzen oder saßen still für Porträts in Pastell, Aquarell oder Ölfarbe. Abends halfen wir dem Vater im Malersaal, z. B. durch das Anbringen unzähliger Blätter an Büschen und Bäumen, wenn ein Stück von Gerhart Hauptmann vom Bühnenbild Naturalismus verlangte. Richtig stolz fühlten wir uns aber, wenn nach Öffnung des Vorhangs ein Applaus dem Bühnenbild galt und meinen Vater auf die Bühne rief, der etwas scheu aber glücklich sich verbeugte. Es war die große Zeit des Bühnenbildes, dessen Raum durch Projektionen erweitert wurde.

Nach dem Abitur, das ich am Bismarck-Gymnasium, Tjard ausgezeichnet mit dem Scheffelpreis in Heidelberg, ablegte, traten wir beide in die Kunst- und Modezeichen-Akademie Otto-Stößinger ein. Jetzt als Kunststudenten honorierte uns Intendant Rose die abendlichen Hilfeleistungen in den Werkstätten des Bühnenbildes und des Kostümbildes. Einmal betrat der Regisseur der Operette „Die Zirkusprinzessin" die Kostümbildnerei, wo ich gerade dabei war, das Gewand der Hauptdarstellerin, die, wie der Operettentext vorschrieb, russische Aristokratin war, mit feinen Linienzügen von künstlichen Brillantenkettchen auszustatten. Fritze Fischer brach in den Entsetzensruf „bourgeoise, bourgeoise!" aus. Das Kleid seiner Diva musste eine Sonne aus Brillanten schmücken, deren Zentrum vom Schoß der Sängerin ausstrahlte. Die weiblichen Chormitglieder, rundliche, brave Gattinnen, ließ er Cancan vor dem Vorhang tanzen. Das Karlsruher Publikum war begeistert. Ich staunte und lernte.

Mein Bruder und ich, wir waren damals als junge Kunst- und Modestudenten in Hochstimmung. Die Tapete unseres Balkonzimmers bemalte ich unter Vaters Regie mit Parkidyllen und Ausblick aufs Meer. Danach erhoben wir das Balkonzimmer zu unserem Salon, der dieses Jahr von der Denkmalpflege für denkmalwürdig erachtet wurde. Viel später in meinem Leben erhielt ich die Aufgabe, eine Wand des Institutes für Klassische Archäologie der Universität Innsbruck mit einem Wandgemälde auszustatten. In einem Fries für die obere Zone der Wand malte ich, inspiriert von römischen Wandmalereien, Inseln auf glitzerndem Wasserspiegel, Brücken und von Menschen belebte, Licht durchtränkte Sakrallandschaften.

Während meines 1962 in Heidelberg begonnenen Studiums der Kunstgeschichte, Germanistik und Archäologie bot mir Dr. Jürgen Thimme, der Leiter der Antikenabteilung des Badischen Landesmuseums in Karlsruhe, die Chance, ein dreijähriges Volontariat zur Durchführung musealer Aufgaben anzutreten, dem sich später, nach meiner Promotion, noch Assistenzjahre anschlossen.

Im Rahmen einer Vortragsreihe, die der Präsentation von Neuerwerbungen des Landesmuseums gewidmet war, durfte ich über ein venezianisches Spinett aus dem 16. Jahrhundert sprechen und das Instrument auch zum Klingen bringen.

Während ich an meinem Vortrag schrieb, schuf Mama ein von der Spätrenaissance inspiriertes Vortragskleid in mattem Brokatrot. In die zugehörige kunstvolle Frisur wurden die Flechten meiner sorgfältig aufbewahrten, langen Kinderzöpfe eingeflochten. Der Vortragsabend war ein voller Erfolg und musste sogar wiederholt werden.

Die richtige Einstellung der Öffentlichkeit gegenüber lernte ich vor allem am Badischen Landesmuseum. Das Grundprinzip lautete: Wer vor dir steht, er ist ernst zu nehmen und hat ein Anrecht auf dein aus Rechtschaffenheit und prüfendem Geist erwachsenes Wissen. Diese Einsicht, die auch von Intendant Rose und meinem Doktorvater Roland Hampe getragen wurde, begleitete mich durch mein ganzes Leben. Sie brachte mir rückwirkend Anerkennung und Freundschaft. Als ich längst schon Professor am Institut für Klassische Archäologie der Universität Innsbruck, Leiter der Magna-Graecia-Forschungsstelle und in Süditalien am Golf von Tarent Leiter der archäologischen Ausgrabungen im Demeterheiligtum der antiken Griechenstadt Herakleia im heutigen Policoro war, erhielt ich 2009 zum 50-jährigen Stadtjubiläum von Policoro die Ehrenbürgerschaft verliehen.

KOORDINATEN EINER KINDHEIT
Ein – trotz allem – assoziativer Selbstversuch

Monika Rihm

Kindheit. Kindheit!
Kindheit? Die ersten Jahre. Wie viele? Wann hört man auf,
ein Kind zu sein?
Eine Kindheit. Meine Kindheit?
Kindheit in ...
Kindheit in Karlsruhe.
Eine Kindheit in Karlsruhe. Meine Kindheit in Karlsruhe.
Was unterscheidet denn eine Kindheit in Karlsruhe von einer
in ... sagen wir mal: Wuppertal? Oder Ravensburg? Oder ... ?

Konfrontiert mit der Frage nach
„meiner Kindheit in Karlsruhe" komme
ich prompt *ins Schwimmen.*

Schwimmen – genau! Das gehörte zum
Beispiel dazu. Freischwimmer, Fahrten-
schwimmer... vom „Einer" springen, traust
Du Dich auch vom „Dreier"?, schmerz-
hafte Bauchplatscher, Bademeister-Tril-
lerpfeifen vom Beckenrand, Gänsehaut
und runzlig gewordene Haut an den Fin-
gerspitzen, Chlorgeruch, Haarbüschel im
Abfluss der Gemeinschaftsduschen, das
Wasser aus den Düsen entweder zu heiß
oder eiskalt, im Lauf der Jahre farblos ge-
wordene Kacheln mit Rissen, die Desin-

Monika Rihm
„Literaturarbeiterin"

fektionsspraydüsen in Knöchelhöhe, ziepende Gummibadekappen mit Kinnriemen, der nass-kalte Badeanzug klebt auf der Haut, draußen Herbstkühle, Regen, Winterkälte, die nächste Halsentzündung schon im Gepäck.

Warum sah der Schulsportunterricht eigentlich immer Schwimmen in kalten Hallenbädern in der kalten Jahreszeit und stumpfsinniges Im-Kreis-Rennen auf von der Sonne ausgedörrten Aschenbahnen oder verzweifelt-hoffnungslose Sprünge mit schweißverklebter Haut in Sandkästen ausschließlich im Hochsommer vor? Aber auch wenn es anders gewesen wäre, war doch eines immer vorprogrammiert: FRUST. Denn die Messlatte lag IMMER: zu hoch. NIE: schnell genug, hoch genug, tief genug, weit genug, wendig genug.

Da haben wir ja ein Fass aufgemacht ...
Schnell wird mir klar: So wird das nichts. Mit Vom-Hölzchen-aufs-Stöckchen-Assoziieren kommen wir hier nicht weiter. Zahlen, Fakten, Daten, Orientierung, kurz: ein sicheres Koordinatensystem muss her. Nichts Geringeres als „Zeit" und „Raum" sollen helfen, die aufsteigende Bilderflut in geordnete Bahnen zu lenken. Chronologie und Geographie als Macheten, mit denen Schneisen in den Erinnerungswald geschlagen werden sollen.

1960 im Zeichen des Skorpion geboren.
Sixties and Seventies. Miniröcke und Schlaghosen. Haarbänder und Hochfrisuren. Songs der Beatles und der Stones. Studentenproteste und Vietnamkrieg, flower power, womens lib und § 218 und und und ... (Ja ja, alles gut und schön, aber was von alledem beeinflusste denn das alltägliche Leben eines kleinen Mädchens in einer kleinen Straße in der Karlsruher Weststadt?)

5 – 17 – 67 – 68 – 69 – 71 – 74

Mit Mathe war es ähnlich wie mit Sport: auch das war nicht wirklich mein Lieblingsfach. Aber vielleicht helfen Zahlen ja dieses Mal, einer Aufgabe – nämlich die Beantwortung der Frage nach meiner Kindheit – gerecht zu werden? Einen Versuch ist es wert! Was also aussieht wie eine bisher unbekannte Variante der Lottozahlen *(Karin Tietze-Ludwigs geschäftsmäßig-blondes Samstagabend-Lächeln ... „Der Aufsichtsbeamte hat sich vor der Ziehung vom ordnungsgemäßen Zustand des Geräts überzeugt"...)* ist Ausdruck des Versuchs, zu einer Ordnung, einem System zu gelangen:

5

In der Liebigstraße Nr. 5 die ersten Jahre meines Lebens verbracht. Dramatis personae außer mir: Mama, Papa, Oma (die eigentlich in Mühlburg wohnte, aber in meiner Erinnerung immer anwesend war und so wunderbare Dinge wie Maultaschen und Dampfnudeln perfekt zuzubereiten verstand) und (sehr!) großer Bruder. Dieser wurde mir, die ich am frühen Morgen nie große Mengen essen konnte (was sich bis heute nicht geändert hat), stets als leuchtendes Beispiel genannt, habe er doch – so wollte es die Mär – IMMER und das auch noch GERN seine morgendlichen „Hauerflocken" (so hießen bei uns die Haferflocken) zur Gänze aufgegessen. Unnötig zu erwähnen, dass es sich dabei um beachtliche Portionen gehandelt haben muss. Nachprüfen konnte ich das nicht, denn diese Ereignisse hatten sich in den achteinhalb Jahren vor meiner Geburt zugetragen. Wie dem auch gewesen sein mochte: Die Machtverhältnisse waren also von Anfang an klar, und bei dem für mein Gedeihen optimalen Betreuer/Betreute-Verhältnis von 4:1 alle Voraussetzungen für eine wohlbehütete Kindheit gegeben. Um keinen falschen Eindruck entstehen zu lassen, möchte ich an dieser Stelle ausdrücklich betonen, dass sich so ein großer Bruder auch als ganz nützlich erweisen konnte: Schließlich habe ich Wolfgangs unerschütterlicher Beweisführung die fundamentale Erkenntnis zu verdanken, dass Löwen eben KEINE Hunde sind. (Obwohl ... also, wenn ich es mir so recht überlege ...).

67

1967 nicht nur erste Begegnung mit dem sog. „Ernst des Lebens" (der in meinem Falle in der Weinbrenner-Schule zu Hause war), sondern auch Umzug in die Liebigstraße Nr.:

17

Dort verliefen wir uns, just der Enge einer Drei-Zimmer-Wohnung entkommen, zunächst in den unendlichen Weiten einer Fünf-Zimmer-Wohnung mit zwei Balkonen und einem Garten mit alten Rosenstöcken und Quittenbäumen, wussten aber bald die Tatsache, dass es nicht nur den Luxus einer Speise- und sogar einer Besenkammer, sondern auch für jedes von uns beiden Kindern ein eigenes großes Zimmer gab, sehr zu schätzen. Neben einem Zimmerbrunnen – damals der „letzte Schrei" – hielt auch mein erstes Haustier Einzug, dem später noch einiges an Gefiedertem und Behaartem folgen sollte: Hansi, der gelb-grau gescheckte Kanarienvogel, ein echter „Harzer Roller", von dessen Gesang aus seinem Käfig im zweiten Stock man schon beim Betreten des Treppenhauses lautstark begrüßt wurde und der erst eines Januarmorgens mehr als zehn Jahre später endgültig verstummte. Dass eine würdige Beisetzung im Garten wegen des gefrorenen Bodens erst nach einer ziemlich unschicklich-langen „Aufbahrungszeit" möglich war, ist eine andere Geschichte und gehört nicht hierher. Ebenso wenig wie die Erwähnung der Tatsache, dass wir noch ein weiteres dieser schönen, Anfang des 20. Jahrhunderts erbauten Häuser in der für mich so magischen kleinen Straße im Karlsruher Westen mit unserer Anwesenheit beglücken sollten: das Haus Nr. 13. Aber das war 1976 – und da war die Kindheit schon vorbei. Doch dazu später.

68

Im Jahr der Revolte ereignete sich auch bei uns Revolutionäres: Oma schaffte ein Fernsehgerät an! Die Samstag- und Sonntagnachmittage in s/w waren geboren! *Lassie* und *Flipper*, *Fury* und *Flicka* gehörten bald ebenso zur Familie wie *Tarzan* und der *Daktari* mit seinem schielenden Löwen Clarence und dem recht ansehnlichen Assistenten Jack, der mir – ebenso wie Papa Cartwrights Jüngster – eine ziemlich konkrete Vorstellung davon vermittelte, wie mein späterer Ehemann einmal auszusehen habe. Denn dass ich einmal „Ganz in Weiß" (jawohl, auch Roy Black begegnete mir zum ersten Mal in Omas s/w-Welt in der ZDF-„drehscheibe") heiraten wollte, stand für mich selbstverständlich außer Frage. Doch bis es so weit war, saßen Hans Moser, Johannes Heesters, Lina Carstens und Paula Wessely, Paul und Attila Hörbiger, Heinz Rühmann und Herhta Feiler mit an der sonntäglichen Kaffeetafel, an der es in regelmäßigem Wechsel in der einen Woche Marmor- und in der anderen Woche Sandkuchen gab. Dazu musste ich, da – wie die Oma stets bemerkte – „noch im Wachstum", mir ein Gebräu aus Kakao und H-Milch, die es in dreieckigen Tüten zu kaufen gab, einverleiben, was mir so schwer fiel, dass ich das Trinken so lange es ging hinauszögerte. Mit dem Ergebnis, dass ich die inzwischen kalt gewordene und von einer Haut bedeckte, dicklich-dunkle Flüssigkeit nur nach langem guten Zureden und vorherigem tiefen Luftholen in einem einzigen heldenhaften Zug austrank. In zähen Vorverhandlungen konnte ich meistens erreichen, dass ich nur so viel trinken musste, bis das Blumendekor auf dem Grund der Tasse sichtbar wurde.

69

Das Jahr der Mondlandung! Für mich ist das Datum untrennbar verbunden mit einer Landung der etwas anderen Art, fiel ich doch just an diesem Tag im vollen Sonntagsstaat in einen

Zierteich im Stadtgarten. Dazu ist für Spätergeborene erklärend zu bemerken, dass zu dieser Zeit noch sehr wohl unterschieden wurde zwischen der sog. „besseren" Kleidung, die man an den Sonn- und Feiertagen trug und der „normalen" für den Alltag – und von „Klamotten" war damals schon gar nicht die Rede. Unvergessen also der Anblick des väterlichen Gesichts, das sich langsam in meinen Bildausschnitt und damit wie eine Wolke vor die Sonne in mein überrascht-erschrecktes Bewusstsein schob, als er nicht minder überrascht über den Beckenrand blickte und sich hinunter beugte, um mich schließlich am Schlafittchen aus dem Wasser herauszuziehen – eine Perspektive, die ich für die Zukunft zu vermeiden trachtete. Was mir auch gelang. Zu tief saß das Gefühl der Blamage. Welche Achtjährige vermag schon einem unfreiwilligen Striptease im gut besuchten Karlsruher Stadtgarten vorteilhafte Seiten abzugewinnen? Zum Trost durfte ich am Abend selbigen Tages den sich mit schöner Unausweichlichkeit einstellenden Katarrh in Mutters Bademantel gehüllt vor dem Radio sitzend erwarten, aus dem eine knarzende Stimme gerade verkündete, dass es zwar „ein kleiner Schritt für einen einzelnen Menschen, aber ein großer für die gesamte Menschheit" sei. Wohl wahr!

71

Die zweite Begegnung mit dem „Ernst des Lebens" fand mit dem spätestens seit dem vierten Grundschuljahr heiß ersehnten Eintritt in die „höhere Schule" statt, wollte ich doch so schnell wie möglich endlich dieselbe Schule wie mein großer Bruder besuchen und so exotische Dinge wie Latein lernen dürfen. Dieser „Ernst" hieß in diesem Falle „Otto", denn es war das Karlsruher Bismarck-Gymnasium – ein in der Tat um zwei Stockwerke höheres Gebäude als meine alte Grundschule. Der tiefere Sinn dieses „Höheren" sollte sich mir nach und nach in den kollektiven Bemühungen des dortigen Lehrkörpers um (m)eine solide humanistische Bildung erschließen. Ein – so darf im Nachhinein ohne falsche Bescheidenheit gesagt werden – nicht ganz fruchtloses Unterfangen, das mir neben dem Erwerb des Großen Latinums und des Graecums (von wegen „tote" Sprachen!) auch ein ganz ordentliches Abitur bescherte (Mathe und Sport sind schließlich nicht alles!), welches mir seinerseits wiederum die Pforten zur Universität öffnete. Aber davon zu berichten, hieße weit über den hier angefragten Zeitraum der Kindheit hinauszugreifen, befänden wir uns da doch bereits im Jahr 1980.

74

Und die Kindheit endete für mich am 9. September 1974 mit dem Krebstod der geliebten Oma.

WALDSTRÄSSLER

Judith Rimmelspacher

Nein, es hat mich niemand gefragt, wie das Leben nach Vaters Tod weitergeht. Ich war 14, ich war allein auf mich gestellt, Mama war verzweifelt, ich musste sie auffangen, ich musste sie trösten. Die Verwandten wandten sich ab, so etwas in einer so angesehenen Familie, ein Mann, der sich das Leben nimmt, das kann man doch nicht einfach so hinnehmen, das passt doch nicht in die wohlgeordnete Welt einer gut situierten Familie!

Jede Waldsträßler Familie kannte uns, fast jedes zweite Mädchen oder jeder zweite Junge hatte bei meinem Vater Musikunterricht. Ja, wir waren wahrhaftig eine gut situierte Familie, aber leider arm, arm, arm...

Geht der Mann doch einfach an einem schönen, kalten Frühlingsmorgen wie immer fort, nimmt sein NSU-Fahrrad, sein heißgeliebtes, winkt uns fröhlich zu. Alles war wie immer. Alles war wie immer, dass Papa am frühen Morgen auf sein Fahrrad stieg, in den geliebten Wald fuhr und später wieder kam. Es kam auch vor, dass er gar keine Lust hatte, Unterricht zu geben, und wenn die Schüler ihn noch so liebten, weil er ein wunderbarer Pädagoge war.

*Judith Rimmelspacher
Mundart-Dichterin*

Die Musikschüler blieben uns nach seinem plötzlichen Tod noch treu und nahmen mit mir vorlieb. Ich, 14, gab denen Musikunterricht, so wie auch schon vorher, wenn Papa mal wieder keine Lust hatte und lieber im Wald saß und über die Vergänglichkeit alles irdischen Lebens nachgedacht hat. Es waren schöne, hübsche Buben dabei, da war es gerade recht, dass Papa nicht da war, wir haben die Schlager rauf und runter gespielt, ich war eine strenge Lehrerin, war in den einen oder anderen auch verliebt, ich war ein recht frühreifes Mädchen! Hatte ich alles ihm zu verdanken, ihm, dem vergötterten, geliebten, schönen, ausschweifenden, genialen, verrückten Mann, der das Leben und die Frauen liebte. Und der, ausgerechnet der, bringt sich um, ich fasse es nicht! Geht in seinen geliebten Vater Rhein. Ich habe oft geträumt, er könne wie Jesus auf dem Wasser laufen und kommt zurück.

Heute habe ich meinen Frieden mit ihm gemacht, sonst könnte ich diese Geschichte nicht erzählen.

1961 war meine Konfirmation, ein Jahr nach Vaters Tod, ich liebte den Konfirmandenunterricht, bin heute noch eine bibelfeste Frau, schließlich verpflichtet der Name Judith, eine spannende Geschichte aus dem Alten Testament.

Ich liebte meine Kleine Kirche, meine Stadtkirche, unseren verehrten Pfarrer Dr. Biedermann, der uns hilfreich zur Seite stand, meine Konfirmandenliebe Hans, ich schwebte jedes Mal auf Wolken, wenn wir uns nach der Kirche trafen.

Ich liebte mein Kleid, es war das Konfirmationskleid meiner Schwester, aber es war schön! Ein Taftkleid mit Petticoat und neuen Schuhen, schwarze Pumps, die hatte sich Mama vom Mund abgespart und mir den Konfirmationstag so liebevoll gemacht, wie nur sie es konnte.

Dann kam der Tag, der alles verändern sollte. Unser geliebtes Haus, unser windschiefes, buckliges Haus sollte abgerissen werden! Ein Glück, ein Glück, kann ich nur sagen, dass mein Vater das nicht mehr miterleben musste. Der hat es richtig gemacht, ist vorher gestorben.

Er wollte nie aus diesem Haus ausziehen, hier hat sich niemand gestört, dass bis nachts die Musikschüler ein- und ausgingen. Wir waren eine Hausgemeinschaft, die es so nicht mehr gibt. Lindenstraße, nur 50 Jahre früher.

Meine Kindheit reißen die ab, in dem Haus bin ich geboren und aufgewachsen, wir Waldsträßler waren eine eingeschworene Gemeinschaft, Mädels und Jungs, abenteuerlustig, auch zu Streichen aufgelegt, voller Lebensfreude und neugierig auf das Leben. Zwischen den Ruinen haben wir gespielt, wir waren glückliche Kinder, auch wenn wir nicht viel hatten.

Heute verursacht mir der Abriss unseres Hauses noch fast körperliche Schmerzen, wenn ich daran denke, wie viele Tragödien sich unter den Bewohnern abgespielt haben. Mit Gewalt mussten sie unsere liebe Nachbarin aus ihrer Wohnung holen, wir hatten keine Chance!

Alle Bitten, uns unser Haus, unsere Wohnungen zu erhalten, verhallten ungehört.

Es sei baufällig, hieß es, wir stiegen heimlich ins Hinterhaus, das schon leergeräumt war, und konnten keine Baufälligkeit feststellen, da hatten sie schon angefangen abzureißen.

Mein liebes Haus, Waldstraße 22, Karlsruhe in Baden, ich habe Dir in einem Buch ein Denkmal gesetzt. Dir, meinen Eltern, meiner Schwester, meinen Waldsträßlern, meinen wunderbaren Geschäften, winzigen Lädchen. Meiner Mama, die vor Kummer wenige Jahre später starb, weil sie aus ihrer Stadt, aus ihrer Straße fort musste, in der das Leben pulsierte, um in der Einöde zu landen, am Arsch der Welt, weit draußen in der Waldstadt, die damals noch nicht erschlossen war. Die Waldstädter mögen mir verzeihen, heute ist das ein lebendiger Stadtteil, aus Karlsruhe nicht mehr wegzudenken, aber damals 1963!

Irgendwann gehe ich mal wieder in meine Waldstraße, klettere auf unser Mäuerle zwischen Haus 20 und 22. Das haben sie stehen lassen!

Da muss ich doch nachschauen, ob im Hof Numero 20 noch der Fliederbaum steht, da haben wir unseren Müttern zum Muttertag immer Flieder geklaut, der hat seine Zweige auch zu uns herübergestreckt.

Wenn der noch da ist, gehe ich mit meinem lieben Mann hin, der hat das auch alles miterlebt, weil wir uns schon seit 1962 kennen. Er macht das „Leiterle", ich steige hoch und klaue meinen Kindheitsflieder.

Aber wir machen es lieber umgekehrt, er ist viel leichter als ich und ich mache das „Leiterle".

Ach ja, der Flieder war von einem tiefen Dunkellila und sein Duft wehte bis zu uns herüber in unsere Fenster, jetzt, gerade jetzt steigt er mir in die Nase...

Heute ist wieder so ein Tag, ich fasse es nicht, mache Fehler beim Aufschreiben, woher nehme ich die Kraft, alles grammatikalisch richtig zu machen. Ich muss lachen – richtit, grammatukalisch – superkalifragilistischexpiallegorisch – ich fasse es nicht, das kriege ich hin, aus Mary Poppins – nach einer Flasche Wein, habe mal wieder meinen moralischen, wie mein lieber Mann sagt; er lässt mich gottseidank moralisch sein. Kinder und Narren, auch Betrunkene sagen die Wahrheit. Mir ist heute nach solchen Wahrheiten.

Zehn Jahre, zehn Jahre, ich fasse es nicht, nichts getrunken, von mehr oder weniger Abstinenzlern umgeben, auch von staubtrockenen, ich fasse es nicht, das gibt mein Lieblingswort, ich fasse es nicht, kommt wahrscheinlich von den doofen Fernsehserien, die ich mir angucke, weil sie mir gut tun!

Geht doch fort, ihr geistig Emanzipierten, ihr Wie-kann-man-nur-Frauen, die sich herablassend äußern, wie man so einen Schwachsinn anschauen kann, in dem man sich liebt, sich verlässt, mitleidet mit seinen Heldinnen und Helden (also das ist jetzt ja mal ganz unmöglich!), es ist einfach nur schön! Die Freundinnen können es nicht verstehen, dass so eine intelligente Frau wie ich so etwas anschaut. Ihr seid blöd, Verzeihung, Ihr seid einfach nur blöd! Ihr hockt über Euren Kochtöpfen, macht Kaffeeklatsche, eine lügt mehr als die andere, was für ein gutes Leben sie führt, ich lach' mich tot! Ich weiß es besser, die eine betrügt ihren Mann, der davon keine Ahnung hat, die andere putzt wie wahnsinnig, was soll sie auch sonst tun, wenn der Alte kein Auge und keine Zeit für sie hat (ich hoffe, er hat eine heimliche Geliebte, die ihm alle seine Träume und Sehnsüchte erfüllt), sie putzt ihn zum Haus hinaus, die dritte ist nur auf ihre Kinder fixiert, der Mann? Der hat zu funktionieren, gottergeben sagt er Ja und Amen zu allem, den täte ich gerne mal verführen, der hat so was Gewisses!

Wenn Du nur wissen tuten tätest, wie ich Dich lieben tuten täte, dann würde ich Dich heirantanten.

Ja, das sind sie, die wilden Jahre, die wilden Gedanken. Das hat Mama mir immer erzählt, ein Bursche aus ihrer Heimat, im tiefen Schwarzwald, zurückgeblieben der Arme. Mama hat es aber so erzählt, dass man Achtung, Ehrfurcht vor ihm haben konnte. Nicht lächerlich machen, sagt Mama, nicht über ihn lachen, sagt sie. Er hat ihr diese Liebeserklärung gemacht. Sie hat ihn in den Arm genommen und ihm gesagt, wie lieb sie ihn findet, dass er dies sagt. Aber da war sie schon in einen anderen verliebt. In einen Musikus, kein Geld, keine Anstellung, ein Taugenichts, aber ein wunderschöner Mann – mein Vater!

Er hat ihr seine Aufwartung gemacht, was für ein schönes Wort – Aufwartung!

Ich liebe diese alte Sprache, ach liebste Adelheide, siehst Du nicht, wie ich leide ...

Also, er hat ihr seine Aufwartung gemacht, wieder und wieder hat er vor ihrem Fenster des hochherrschaftlichen Hauses gestanden, in dem sie als Dienstmädchen angestellt war. Ein unverdorbenes, naives Mädchen aus dem Schwarzwald, die zweitjüngste von zehn Geschwistern. Und diese Zweitjüngste stirbt als Zweitjüngste vor dem jüngsten Bruder Hans, ihrem Lieblingsbruder. Die anderen Geschwister, es wären fünfzehn an der Zahl gewesen – fünf waren Tot- oder Fehlgeburten – wurden alle an die 90 Jahre, wohlgestalt, wohlhabend, eigene Häuser, Ackerland, schwarzwälderischer Fleiß und Besitz, viele Kinder und – todunglücklich. Und meine liebe Mama stirbt mit ihrem Bruder Hans viel zu früh.

„Wen die Götter lieben, nehmen sie früh zu sich", auch so ein Spruch von Vater, „Kind, merke Dir das" und Mama: „Gute Menschen müssen viel leiden, liebes Kind". Da hat sie ausnahmsweise mal recht, ich bin auch so ein gutes Menschenkind und habe wahrhaftig Leiden wie eine Hundertjährige.

Aber – Hurra, hurra, kein Krebs, kein Krebs, ich bin die erste Frau in der Familie meiner Mutter, die über 50 ist und keinen Krebs hat! Na, wenn das nichts ist! Da laufe ich doch lieber Rollator, halte mich am Kinderwagen fest oder am Rollstuhl unseres Freundes, den ich pflege, jammere über meine kaputten Gelenke und habe keinen Krebs.

Ich wollte doch von der Aufwartung erzählen, aber das ist nun mal Zwillingsnaturell, abschweifen vom Hundertstel ins Tausendstel, jetzt also die Aufwartung.

Sie stand in Diensten einer reichen Familie, meine Mama, sie erzählte viel später, dass viele Dienstmädchen nicht nur die gnädige Frau betreut haben, sondern auch den Ehegatten, der sie geschwängert hatte, sie dafür Schweigegeld bekamen und die armen Kinder erst im späten Alter über viele Umwege oder irgendwelche Verwandte „aufgeklärt" wurden, dass ihr Vater gar nicht ihr Vater ist. Wer der leibliche, der Erzeuger war, haben diese Kinder nie erfahren, sie waren einfach so anders und hätten so gerne gewusst, wo sie herkommen. Ich war dabei, ich war noch klein, als meine Kusine erfahren hat, dass sie nicht die Tochter des wohlhabenden Mannes ist, den sie Papa nannte, ein Streit in der Küche zwischen den Schwestern, als die Jüngere das ältere Aschenputtel anschrie, dass sie ja gar nicht ihre richtige Schwester sei und sie hier überhaupt nichts zu suchen habe.

Da habe ich angefangen zu fragen, ich wollte es wissen, meine Tante hat bitterlich geweint, der Onkel hat sich verkrochen, er war ja schließlich großmütig, hat den Bastard an Kindes statt angenommen. Was bin ich dankbar, dass meine Eltern mir immer alles erzählt haben, keine „Das-erzählen-wir-Dir-wenn-Du-größer-bist-Eltern". „Bin ich auch unehelich", habe ich dann gefragt, „bin ich Euer Kind, seid Ihr wirklich meine Eltern?", habe ich gefragt. Sie waren es, ja, sie waren es wirklich. Mama konnte alles, nur nicht lügen. Lügen war für sie überhaupt das Schlimmste, das Einzige, wofür sie uns bestraft hat.

Die Aufwartung: Mama arbeitet im hochherrschaftlichen Haus, Geschirr, Perserteppiche vom Feinsten, sie hatte noch eine weiße Schürze an, ein Häubchen auf, die Gnädige habe auf dem Sofa gesessen, sich den ganzen Tag bedienen lassen. Der gnädige Herr habe sie betatscht, sie habe ihm kurz auf die Finger geschlagen. Wenn er gar zu sehr betatscht hatte, habe sie ihm gedroht, alles der Gnädigen zu erzählen, da habe er von ihr abgelassen.

Immer öfter kam heimlich der junge Mann (mein Vater) in dieses herrschaftliche Haus, weil er seine Angebetete sehen wollte. Sie war aufgeregt, hatte rote Backen und so ein Kribbeln im Bauch, er sah aber auch zu gut aus! Außer dem Heirantantenburschen aus dem Schwarzwald hatte sie keine Erfahrung mit Männern. Er schon, er, der gutaussehende Musikus, ein armer Schlucker, der von der Großmutter und einer Tante großgezogen, verhätschelt und verwöhnt wurde. Weißes Kleidchen, weiße Strümpfchen, lange blonde Locken!

Die Herrschaften hatten einen Papagei. Es gehörte zu Mamas Pflichten, diesen zu versorgen, außer dem gnädigen Herrn und ihr durfte sich diesem gefiederten Schönling, der genauso eingebildet war wie seine Herrschaft, niemand nähern. Mama warnte ihren Günstling, der hoffte, über den Papagei ihre nähere Bekanntschaft zu machen. Sie warnte vergeblich, dass der prächtig gefiederte Bursche einen scharfen Schnabel habe und ihn niemand anfassen dürfe. Papa setzte seine erotische Sprache ein, die nie ihre Wirkung bei Frauen verfehlte, streckte seinen Finger in den Käfig, aber beim Papagei funktionierte das nicht, er war ein Mann und auch nicht schwul, biss ihn kräftig in den Finger, dass er blutete. Mama war total aufgeregt, die Herrschaften waren zum Glück außer Haus, sie verarztete den Armen, der ein Wehgeschrei anhub, dass er nun keine Musik machen könne und sich da schon seinen ersten Kuss ergatterte, den sie ihm vor lauter Mitleid gab.

Da hätte sie ihn schon in den Wind schießen sollen, so eine Memme, der dachte, er würde an Blutvergiftung sterben. Viel später hat er jedes kleine Wehwehchen, jede Hautunreinheit, jeden kleinen Pickel stundenlang im Spiegel angeschaut und sofort mussten sämtliche Doktorbücher und Ärzte befragt werden, was das für eine schlimme Krankheit sei. Ein Hypochonder war er, ein Taugenichts, ein Schlafwandler, ein einsamer Genius, der heute noch auf einer Wolke sitzt und befehligt, was seine Untertanen zu tun haben. Mich nicht mehr, Du alter Schurke, mich befehligst Du nicht mehr, ich habe den Altar abgebaut, nicht alleine, nein, nicht alleine, mit Hilfe eines wunderbaren Therapeuten, Gott habe ihn selig, der hat mir geholfen zu erkennen, was Du für ein Arschloch warst. Zeitweise, nicht immer, aber zeitweise. Ich entschuldige Dich ja schon wieder, aber alles im verklärten Lichte, das ist doch alles so lange her. Im ersten Teil des Satzes schimpfst Du auf ihn und im zweiten Teil des Satzes entschuldigst Du ihn schon wieder! Er ist ein Arschloch, begreife das endlich, verabschiede

Dich von dem Genius, reiße den Altar ein. Aber ich liebe Dich, ich liebe Dich mit dem Abstand, der notwendig ist, wenn man das alles hinter sich hat.

Und immer wieder, immer wieder holt einen die Kindheit ein. Ich lese meiner Enkelin aus der „Frommen Helene" vor, ein Buch, das über 60 Jahre alt ist, eine antiquarische Kostbarkeit, zerlesen, zerfleddert, Papa musste mir es hundert – nein tausendmal vorlesen.

„Du ziehst mir nicht das Grüne an, weil ich's nun mal nicht leiden kann." Da lacht die Enkelin, wenn ich wieder mal daraus zitiere, wenn sie etwas Grünes anhat.

Schlage das Buch auf und was finde ich? Papas Abschiedsbrief! Zum Kotzen! Ich wusste gar nicht mehr, wohin ich den verschwinden ließ und wo liegt er? In der „Frommen Helene", die alles andere als fromm war! Lese ich ihn nochmal? Ach ich weiß nicht. Lass' es bleiben, sagt mein lieber Mann, lass' es bleiben, es tut Dir nicht gut. Ha von wegen, der wird gelesen, ohne Pathos, ohne Tränen, ohne Rührung, ach Gott, der arme, arme Mann, was musste er nur alles leiden! Scheiße musste er, uns mittellos zurücklassen, sich hinter Depressionen, Tabletten, Weltuntergang verkriechen. Mein Platz ist nicht auf dieser Welt, dramatisch war er schon immer, der Gute!

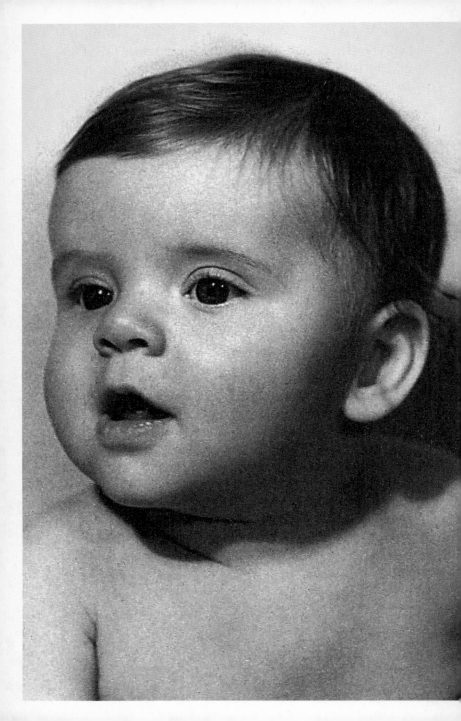

„SUPPTROPEN"

Thomas Rübenacker

Warum habe ich Sommer immer gehasst? Jeder liebt Sommer. Warum könnte für mich der Frühling direkt in den Herbst übergehen, und der Herbst in den Frühling? Ja, warum – Verdammnis! – ist mir sogar der Winter lieber als der Sommer?! Bin ich kalt? Fehlt es mir an Leidenschaft, Fantasie, an köchelnd-verschwitzter Glücksfähigkeit? Ich hatte jahrzehntelang keine Ahnung. Ich hatte keine Ahnung, als die Pubertät wucherte, warum ich mich an Baggerseen so deplatziert fühlte. Ich hatte keine Ahnung, warum ich mich zierte, braun zu sein für die Mädels; also nicht zu braun, was wieder eher einem Migrationshintergrund zugeschrieben würde als einem Sonnenhunger. Ich hatte keine Ahnung, warum ich nicht der geltenden Schönheits- und Erfolgsnorm genügen wollte, außer dass ich keiner Norm genügen wollte, ergo auch dieser nicht. Und es wäre doch so gesund gewesen, sieht man einmal ab von Melanomen, also von Hautkrebs. Ich habe den Sommer immer gehasst, und ich wusste lange nicht warum. Inzwischen ahne ich es zumindest: Es hat wohl zu tun mit meiner Kindheit in Karlsruhe. Und mit dem spezifischen Karlsruher Sommerwetter, das,

Thomas Rübenacker
Musikkritiker

wenn es denn warm oder heiß wird, gleich ins Schwüle um-
schlägt. Kaiser Wilhelm hätte, sagt man, seine Kolonialsoldaten, die er in die Tropen schicken wollte, erst mal in Karlsruhe „üben" lassen. Wer den Karlsruher Sommer überlebt,
überlebt auch den Regenwald von Timbuktu – meint das wohl.

Als ich geboren wurde, im Jahr 1952, soll in Karlsruhe ein
sogenannter „Jahrhundertsommer" gebrütet haben (ich
glaube, jedes Jahrhundert hat mehrere solcher Sommer). Wir
wohnten in der Moltkestraße, vier Stockwerke hoch direkt
unterm Dach, und da ich in meiner Wiege offenbar, der Hitze
wegen, beständig brüllte oder quengelte oder aber schlief,
hängte meine Mutter nasse Windeln darüber, was den Karlsruher Sommer natürlich noch verschärfte. Ich wusste noch
nicht, was schwül bedeutet, aber damals werde ich es fürs Leben gelernt haben. In der Literatur ist „schwül" ja das Klima,
worin alles passieren kann; man ist gar nicht wirklich da, man
handelt nicht, man lässt sich handeln, es wird mit einem gehandelt, aus einer großen Erschöpfung heraus, und dann darf
man auch selber erstaunt sein darüber, was mit einem passiert.
Ich habe zum Beispiel mehrfach geheiratet in der Schwüle;
außerdem zwei Kinder gezeugt, und da hatte das Klima durchaus seinen Reiz. Irgendwie war das Form gleich Inhalt: feuchte
Hitze, und was davon kommen kann. Ich bin der Schwüle
also durchaus auch dankbar. Vielleicht wuchs ich in diesen
Momenten ja über mich selbst hinaus? „'s ist ein Ziel, aufs In-
nigste nur zu wünschen." (Shakespeare, Hamlet; allerdings
in gegensätzlichem Zusammenhang.)

Mein Vater spielte Klavier, und das prägte mich (hoffe ich)
ebenso wie die feuchte Hitze gleich unterm Dach; so konnte
ich den Sommer später immerhin dann genießen, wenn er
musikalisch vermittelt war, weniger von Antonio Vivaldi, aber
von Joseph Haydn oder Robert Schumann oder (ja!) auch
Johannes Brahms, der einige seiner schönsten Werke in der
Sommerglut komponierte, allerdings in einer wohlweislich

„Sommerfrische" genannten Klausur, in Bad Ischl oder Baden-Baden oder an der Nordsee. Jedenfalls war es da nie schwül wie in Karlsruhe. Brahms' Sommer war immer der ideale Sommer; der, in dem Dinge entstehen, nicht absterben. (Obwohl er in diesen Sommern immer Lieben absterben ließ, denen er zuvor – im Winter? – sich beinahe ergeben hätte; immer nur beinahe; und dann, als sie gründlich tot waren, komponierte er ein neues Werk darüber wie eine marmorne Grabplatte.) Brahms musste Schwüle herstellen. Oh, nicht in seinem Werk; dafür war Richard Wagner zuständig; und deshalb verstehe ich auch nicht, warum man sie nicht beide lieben kann. Damals konnte man das offenbar nicht, es war wie ein Glaubenskrieg. So unvereinbar wie für Brahms die körperliche und die wahre Liebe; zur Triebabfuhr ging er ins Bordell, und wenn er liebte, konnte er weder Hand noch sonstwas anlegen. Romantische Impotenz. Ein amerikanischer Dirigent sagte mir mal, er könne mit Brahms nichts anfangen, „weil er nie kommt" – und er meinte das zwar sexuell, aber ganz auf die Musik bezogen. Das stimmt natürlich so nicht. Im Finalsatz der c-moll-Symphonie, dieser „Geburtstagsgruß" an die Liebe seines Lebens, Clara Schumann, das große, weit ausholende, alles umschlingende Alphornsolo, der Sonnenaufgang in einem dominant düsteren Werk – also weiter geöffnet hat sich der Verschlossene nie wieder.

Oh, Brahms liebte Karlsruhe. Clara Schumann wohnte ja eine Zeitlang hier, in privatem Kreise erklang erstmals das Klavierquintett. Im altehrwürdigen Gebäude der Deutschen Bank auf der Kaiserstraße, wo vor ein paar Jahren auch noch der Billigklamottenkonzern H&M sich einnistete, wurde diese erste Brahms-Symphonie in c-moll uraufgeführt, um die der Komponist so lange gerungen hatte, bald 20 Jahre lang, weil er in kreativer Paranoia (ein Widerspruch im Beiwort, wenn es je einen gab) sich verfolgt glaubte vom „langen Schatten" des Ludwig van Beethoven, dessen alle Neune er zur Messlatte erklärte: Da musste er drüberkommen, was nicht leicht war für einen kleinen Dicklichen. Ich war, um jetzt wieder die Kurve zurück zu mir zu kriegen, auch ein kleiner Dicklicher, aber Brahms' Probleme waren mir leider fremd. Ich musste nicht Beethoven einholen, sondern den weitaus wendigeren Rüdiger Hannemann, der sich (zumal im Sommer) wie all die andern Klassenmitglieder immer amüsierte über den schwitzenden „Dicken", so einer meiner Spitznamen: Dicken nicht als Akkusativ, sondern als Nominativ. Ein anderer gefiel mir besser: Rübezahl. Oder Rübi. Er gefiel mir deshalb besser, weil er mich in die Nähe des Mythos' drängte, und wir wissen ja: Mythen leben länger. „Rübezahl, Beherrscher der Geister"! Mein Vater, der Ahnenforschung betrieb, behauptete sogar, dass auf altniederländisch „Rübe" beet geheißen habe und hoven „der Acker". Das van sei ohnehin kein Adelsprädikat gewesen, sondern hätte lediglich kundgetan: Ludwig von dem Rübenacker. So wäre Johannes Brahms gar – vor meinem „langen Schatten" geflohen? Zumindest erbweise ...?!

In der Kunst kann man mit vielem viel besser umgehen. Irgendjemand hat mal herausgefunden, dass es sehr viel lustiger ist, Charlie Chaplin auf einer Bananenschale ausrutschen zu sehen als selber zu rutschen. So ist es auch mit allem andern. Nein, vielleicht nicht mit allem – wenn ich Hunger habe und sehe eine vornehme Abendgesellschaft dinieren, werde ich natürlich nicht satt. Aber alles andere – Mord, Liebe, Leidenschaft, Krankheit – fühlt sich doch wesentlich besser an, wenn man es (möglichst gekonnt) vorgeführt bekommt, in Filmen, Opern, Büchern oder sonstwie. Ich hatte ohnehin immer den Eindruck, im Leben lediglich ein Beobachter zu sein, ein Mensch, der alles erkennt, aber nichts wirklich durchleiden muss, natürlich ging das aber nicht immer so. Irgendwann reißt „das Leben" vermutlich jeden aus seiner komfortablen Beobachterrolle, mich auch. Und das ist vermutlich sogar gut so. Aber ob nun Beobachter oder Betroffener (oder beides gleichzeitig): Eine der verschwindend wenigen Konstanten in meinem Leben war und ist die Furcht vor dem Karlsruher Sommer. Wolfgang Rihm, der im selben Jahr geboren wurde wie ich und in derselben Stadt, ansonsten aber ungleich begabter ist, pflegt auf die Frage, warum er in Karlsruhe lebe, zu sagen: weil er hier geboren und aufgewachsen ist und sich wohlfühlt. „Es ist etwas Selbstverständliches in allem." Ja. Inzwischen weiß ich: auch im oder am Karlsruher Sommer. (Fußnote übrigens, leicht müffelnd: Fühlt Wolfgang Rihm sich verfolgt von einem „langen Schatten"? Habe ich ihn noch nie gefragt.)

Ansonsten lebe ich in Filmfantasien, deren Parallelität mit keiner Wirklichkeit sich beißen muss. Wenn etwa Ben Hur in dem gleichnamigen Film, der idiotischerweise immer am Karfreitag wiederholt wird, im Fernsehen und Kino, als Sträfling in Ketten durch die Wüste stolpert, nahe dem Verdursten, und die Musik von Miklos Rozsa macht dazu einen Tritonus nach dem andern, also diese unerlöste Tonspanne, diesen Spagat ins Nirgendwo – dann weiß ich ganz genau, was er empfindet. Oder wenigstens, was die Figur empfinden würde, wäre sie denn real und nicht ein Hollywoodstar namens Charlton Heston, der auf das Kommando „Action!" hin anfängt, Durst zu haben, und auf das Kommando „Cut!" damit wieder aufhört. Aber ich habe keine Probleme, mich damit zu identifizieren – doch nicht als alter Karlsruher! Ich weiß ganz genau, was Ben Hur empfinden würde, gäbe es ihn denn (beziehungsweise hätte es ihn gegeben). Und das verdanke ich allein meiner Vater- und Mutterstadt: dem schrecklichen, schrecklichen, gar nicht so schrecklichen, aber zumindest im Sommer wirklich meistens ganz furchtbaren Karlsruhe! Ehemalige Hauptstadt von Baden, dies nur zur Kenntnisnahme.

„ICH FAND MICH NIE BESONDERS HÜBSCH"

Doris Schmidts

Wenn ich in meinem Album blättere mit den Bildern meiner Kinderzeit, dann höre ich manchmal die erstaunte Frage: „Das bist du?" Ja, das bin ich. Das kleine Mädchen mit dem fröhlichen Lausbubengesicht und den kurzen dünnen Haaren. Wie gerne hätte ich die langen kräftigen dunklen Haare meiner Schwester Corinna gehabt, aber sobald meine Haare etwas länger wurden, schnitt sie mir Mutter erbarmungslos ab und meinte: „Wer dünne Haare hat, der muss sie öfters kurz schneiden, dann werden die später dick und kräftig." Vater hielt meinen Kopf fest und Mutter nahm die Schere, während ich mich sträubte und den Kopf zur Seite drehte. Das Ergebnis war dann ein richtiger Zickzack-Pony. Ich träumte von einem langen dicken Zopf, aber daraus wurde nichts.

Der schöne Schwan in unserer Familie, das war meine ältere Schwester Corinna. Ich kam mir immer vor wie das hässliche kleine Entlein. Wie gerne hätte ich Corinnas rosa Kleid getragen, aber ich musste wie ein Junge hellblaue Sachen tragen. Mein Temperament war eher stürmisch, während meine Schwester eher zurückhaltend und schüchtern war. Bestimmt habe ich große Ähnlich-

Doris Schmidts
Miss Germany 2009

keit mit meiner Mutter, die bei uns den Ton angibt und vom Charakter her ziemlich dominant und willensstark ist. Wie ich redet sie gerne viel, unterhält die Leute und bringt sie zum Lachen. Was sie sagt, das wird gemacht. Vater ist da eher zurückhaltend, aber er war halt auch ein verwöhntes Einzelkind, während Mutter aus einer Bauernfamilie mit fünf Kindern stammte und immer zupacken musste. „ Wie schade, dass wir nur zwei hübsche Töchter haben", sagt sie manchmal, „ich hätte so gerne sieben von der Sorte gehabt!".

Ich glaube, mit Corinna und mir war sie vollbeschäftigt, denn in meiner Familie kommt nichts auf den Tisch, was nicht aus Mutters eigener Produktion stammt. Zum Beispiel Säfte aus Früchten und Gemüse, die sie selbst in ihrem großen Garten anbaut. In ihren beiden Gewächshäusern gedeihen Tomaten und Paprika und im Garten am Turmberg wachsen Bohnen, Auberginen, Zucchinis und Trauben, aus denen wir unseren eigenen Traubensaft pressen.

Unglaublich, was Mutter alles kann. Sie stopft und schlachtet einen Truthahn, flößt ihm sogar Schnaps ein, damit das Fleisch das richtige Aroma erhält, zerlegt fachmännisch ein Schwein und stellt ihre eigene Hauswurst her. Irgendwas wird bei uns immer eingekocht, zu Saft verarbeitet oder zu Marmelade und der vertraute Duft von Eingemachtem zieht durch unser Haus. Mutters Garten mit den vielen Blumen, dem Obst und dem Gemüse ist ein richtiges Paradies. Nie habe ich gehört, dass sie über die viele Arbeit klagt, das passt nicht zu ihr.

Meine Eltern sind Siebenbürger Sachsen und der Familienname Schmidts geht zurück auf meine Vorfahren, die aus einer sächsischen Schmiedefamilie stammten. Ein sächsisches Mädchen hätte keinen rumänischen Mann geheiratet. Ich finde es einen Gewinn, wenn man in einer zweisprachigen Kultur aufwachsen kann. Als das Cheaucescu-Regime fiel, war ich 18 Monate alt und kam mit meiner Familie für kurze Zeit in ein deutsches Aussiedlungslager und danach nach Pforzheim, wo meine Großmutter, die drei Jahre vor uns nach Deutschland gekommen war, eine Wohnung für uns besorgt hatte. Pforzheim blieb mir immer fremd, und erst als ich in die Grundschule nach Durlach-Aue kam, da hatte ich das Gefühl: Hier bist du zu Hause, und das ist auch heute noch so. Wenn der Turmberg vor mir auftaucht, weiß ich, dass ich zu Hause bin. Hier lebt meine Familie und hier fühle ich mich geborgen.

In Durlach-Aue hatten wir ein kleines Häuschen mit Garten, den vertrauten Spielplatz und die nette Nachbarin, wo ich meine ersten Erfahrungen als Babysitter sammeln konnte, Trickfilme anschaute und für „Sailamoon" schwärmte.

Meine Freundinnen und ich waren von den tapferen kleinen japanischen Heldinnen so begeistert, dass wir ihre Abenteuer nachspielten und verkleidet auszogen, um Dämonen und Ungeheuer zu bekämpfen.

Auch Papa, der in Kronstadt Maschinenbau studiert hatte, und Mutter, die früher in einem Kinderkrankenhaus Stationsleiterin war, fühlten sich in Durlach sehr wohl. Sie waren nie besonders sportlich, aber ihre beiden Töchter schickten sie in den Karnevalsverein. So kamen wir zum KAGE 04.

Ich war ziemlich biegsam, tanzte gern, nahm zweimal wöchentlich an den Proben in der Festhalle Durlach teil, fuhr mit meinem Verein auswärts auf Turniere und durfte an Prunksitzungen teilnehmen und bei Umzügen Bonbons von den Karnevalswagen werfen. Es machte einfach Spaß mit den Mädels. Ob ich anders war als die anderen? Ich fand, dass ich im Alter zwischen 12 und 16 Jahren wirklich nicht besonders hübsch war, wenigsten hatte ich es mir ertrotzt, dass meine Haare jetzt endlich lang waren.

Mit 15 Jahren habe ich meine erste große Liebe getroffen. Er hieß Stefan Müller und war ein Fußballnarr und damals schon in der Jugendmannschaft des KSC. Stefan ging aufs Gymnasium und ich auf die Realschule in Durlach. Oft gingen wir gemeinsam aus mit unserer Clique, aber nach zwei

Jahren trennten wir uns. Ich fand, dass Stefan immer nur vom Fußball redete und ich wünschte mir, dass er weniger Zeit mit seinem Sport und mehr Zeit mit mir verbringen sollte. Das hat mich tierisch genervt, und ich hatte andere Interessen.

Ja, so war das, jeder von uns ging seinen eigenen Weg. Stefan ist heute Profispieler beim KSC und ich wurde Miss Germany, aber vorher habe ich neben meiner Berufsausbildung als Kauffrau für Groß-und Außenhandel bei „Heine" mein Abitur am Abendgymnasium abgelegt und dann mein Studium für Betriebswirtschaftslehre in Heilbronn begonnen.

Lange Zeit hatte ich keinen festen Freund. Ich habe nie einen Mann gebraucht um glücklich zu sein. Aber obwohl ich ja erst 20 alt Jahre bin, denk ich manchmal, wie schön, wenn ich noch mal fünfzehn wäre und die Zeit zurückdrehen könnte!

Ich war 13 Jahre alt, als meine Mutter in der Zeitung die Annonce einer Karlsruher Modelagentur las, die Models ausbildete. Meine Chefin meldete mich zu einer Misswahl in der Karlsruher Discothek CO^2 an. Mit 17 Jahren wurde ich Miss Baden und danach Miss Baden-Württemberg. Später dann bei der Wahl zur Miss Germany sah ich so viele hübsche Mädchen, dass ich nie gedacht hätte, dass ich den Titel der schönsten Frau Deutschlands erringen würde. Aber, wenn es nicht geklappt hätte, wäre ich nie ein zweites Mal zur Wahl gegangen.

Ich weiß, wie schnell man in dieser Branche vergessen ist, und ich will kein Casting-Produkt werden. Mein Studium verliere ich nicht aus den Augen und demnächst werde ich ein Praxissemester bei Vodafone in London machen. Ich habe Erfahrungen gesammelt beim SWR Family-TV als Moderatorin, habe neben meinem Studium nächtelang recherchiert und meine Augen so strapaziert, dass ich jetzt manchmal eine Brille brauche. Ich fahre nach Frankfurt zur Sprecherziehung und nach meinem Studium werde ich mich um eine Ausbildung in einer Rundfunk- oder Fernsehredaktion zur Moderatorin bemühen. Talent ist eine Sache, aber eine fundierte Ausbildung, von der Pike auf, ist unverzichtbar.

Wenn immer es geht, fahre ich am Wochenende nach Durlach zu meiner Familie, denn sie ist für mich das Allerwichtigste. Sie gibt mir Halt, und mein Glauben und das Gebet geben mir das Gefühl der Geborgenheit. Das braucht man im Show-Business: Eine Familie, die dich auffängt und eine Heimat und meine Heimat ist hier in Karlsruhe.

WIE ROMYS KURVENREICHER LEBENSWEG BEGANN

Von Karlsruhe nach Kapstadt und zurück

Romy Schurhammer

Eigentlich bin ich unschuldig an dem bunten Zigeunerleben, das ich bisher gelebt habe und noch immer lebe. Vielleicht hat mir eine gütige Fee die Sehnsucht nach der Ferne und die Abenteuerlust in die Wiege gelegt. Vielleicht ist es auch einfach erbliche Veranlagung, denn meine Ahnen waren ebenso reisefreudig wie ich: Mein Großvater Michael Schmunck mütterlicherseits war Postmeister in der ehemals deutschen Kolonie Ostafrika und organisierte den Bau der Post- und Telegrafenlinien zwischen Tanga und Dar es Salaam. Väterlicherseits gibt es gleich mehrere „Wildlinge", die alle aus dem Glottertal stammen, als es noch keine erfundene TV-Schwarzwaldklinik gab: Andreas Schurhammer, Bürgermeister und Revolutionär, der 1848 an der Seite Friedrich Heckers während der Badischen Revolution kämpfte. Daneben seine beiden Söhne Blasius und Joseph Schurhammer, die er als „Platzhirsch" aus dem Tal vertrieb. Blasius zog als Schwarzwälder Uhrenhändler zwölf Jahre durch das Reich der russischen Zaren, von St. Petersburg bis Armenien und

Romy Schurhammer
Globetrotterin

zum Berg Ararat – alles zu Fuß, zu Pferd und mit Karawanen.

Joseph zog es in die entgegengesetzte Richtung, nach Amerika. Er war einer der ersten Siedler am Mississippi und kämpfte als einer der wenigen Weißen beim großen Aufstand der Sioux Indianer gegen die Habgier, das Unrecht und die Grausamkeit seiner eigenen Rasse.

Eine Generation später zog es den Müllergesellen Herrmann Hoch (meinen Großonkel) aus dem Glottertal an den eisigen Yukon, um 1898 beim größten Goldrausch aller Zeiten sein Glück zu suchen und zu finden. Bei einer solchen Ahnenreihe ist es nicht weiter verwunderlich, wenn der Apfel nicht weit vom Stamm fällt!

Meine Lehrzeit als journalistisches Küken hatte ich bei den BNN absolviert, liebevoll betreut, gelobt wie getadelt von dem großartigen Leiter der Lokalredaktion, Josef Werner. Er war mein erster Lehrmeister und wir sind über Jahrzehnte hinweg bis zum heutigen Tag befreundet. Im zarten Alter von siebzehn Jahren schloss ich die Wirtschaftsoberschule ab und wäre am liebsten gleich zu einer Weltreise gestartet, doch mein Vater Urban vertrieb mir solche Flausen rasch. „Rechnen hast du anscheinend nicht gelernt. Wie willst du solche Reisen denn finanzieren bei zwanzig Pfennig Zeilenhonorar? Wenn du unbedingt einen Hungerleiderberuf ergreifen willst, brauchst du vorher eine kaufmännische Lehre, damit es dir nicht ergeht wie dem „Armen Poeten" von Spitzweg, der in seiner kalten Dachkammer den Regenschirm aufspannen musste!"

Dagegen gab es keine Argumente und so wurde ich Lehrling für ein bescheidenes Salär im elterlichen Betrieb, einem renommierten Weinhaus. In meiner Freizeit fuhr ich mit der Straßenbahn zur BNN-Redaktion, um kleine Aufträge zu ergattern. Später, als meine Pläne etwas konkreter wurden, arbeitete ich weniger im Weinhaus und dafür abwechselnd in einer Autowerkstatt und bei einem Durchgangsarzt, um auf Reisen für Notfälle halbwegs gerüstet zu sein. Die anfangs ebenso kühn wie unvernünftig geplante Weltreise war inzwischen mehr und mehr geschrumpft. Ich konzentrierte mich auf ein erreichbares Ziel, auf eine gut organisierte „Ein-Mädchen-Expedition" durch Afrika: Von Karlsruhe nach Kapstadt. Meine Eltern hatten mir während der bisherigen Vorbereitungen keine Steine in den Weg gelegt, obwohl sie den ganzen Plan für eine ausgesprochene „Schnapsidee" hielten, geboren aus jugendlichem Leichtsinn. Viele Freunde machten ihnen Vorhaltungen, weil sie mir diese gefährliche Reise nicht einfach verboten.

Sie aber wussten, dass Verbote schon immer meinen Widerspruchsgeist geweckt hatten. So ließen sie mich gewähren – in der Hoffnung, dass ich von selbst einsichtig würde, wenn mir die Mühsal der Vorbereitungen über den Kopf wuchs. Doch bei aller Diplomatie hatten sie die englischen Leitsprüche nicht bedacht, die sie mir selbst schon in früher Jugend mit auf den Weg gegeben hatten: „Nothing is impossible – Nichts ist unmöglich!" „Where there is a will, there is a way – Wo ein Wille ist, ist auch ein Weg!" Und „Never give up, try again – Gib niemals auf, versuch's noch einmal!"

Die saßen fest in meinem Kopf und halfen mir, die vielen Absagen klaglos zu schlucken, ja sogar als Herausforderung zu betrachten. Der zuständige Bürgermeister für den Stadtteil Durlach ließ mich kaum ausreden, als ich bei ihm vorsprach und um einen Zuschuss für meine „Ein-Mädchen-Expedition" bat. Er winkte sofort ab. „Kein Etat für etwas so Unsinniges – das kann *ich* jedenfalls nicht unterstützen!"

Wenig später bekam ich einen Termin beim Oberbürgermeister meiner Heimatstadt Karlsruhe, Günther Klotz. Bei ihm wehte ein anderer Wind. Er begrüßte mich jovial mit Handschlag und lachte vergnügt, als ich ihm von meiner Abfuhr berichtete. „Mädle, du musst gleich zum Schmied gehen, nicht zum Schmiedle! Dann hättest du dir das erspart. Ich finde deinen Unternehmungsgeist gut! Er ist förderungswürdig, mit oder ohne Etat! Von mir kriegst du eintausend gute Deutsche Mark in deine Reisekasse!" Die freudige Überraschung war so groß, dass ich kein Wort herausbrachte. „Aber nicht geschenkt", fuhr er fort. „Als Gegenleistung musst du mir versprechen, an fünf Karlsruher Gymnasien Vorträge über deine afrikanischen Abenteuer zu halten, wenn du wieder glücklich zurück bist. Vor allem darüber, wie du sie alleine gemeistert hast." Halleluja! Dieser Mann glaubte wahrhaftig an mich und vertraute auf meinen Erfolg – das war noch schöner als das viele Geld! Natürlich versprach ich die Vorträge, obgleich ich davor viel mehr Bammel hatte als vor der ganzen Fahrt durch den Schwarzen Erdteil ... Beflügelt von diesem Erlebnis stürzte ich mich mit neuem Elan in die weiteren Vorbereitungen, auch wenn ich noch immer kein Expeditions-Fahrzeug hatte.

Meine ganzen Bemühungen in dieser Richtung waren fehlgeschlagen. Keine Firma wollte einen Wagen für ein so ungewisses, waghalsiges Unternehmen zur Verfügung stellen. Von VW kam eine lapidare, vorgedruckte Absage, beigefügt eine ellenlange Liste von Ländern, auf der die betreffenden einfach angekreuzt waren. Bei mir sah das dann so aus:

„Ihrer Bitte, einen VW für Ihre interessante Reise zur Verfügung zu stellen, können wir zu unserem großen Bedauern nicht entsprechen. Wir erhalten täglich etwa ein Dutzend ähnlicher Anfragen, das wären 4.380 Fahrzeuge im Jahr. Wir hoffen auf Ihr Verständnis, dass ein Industrie-Unternehmen nach ökonomischen Prinzipien geführt wird. Daher sehen wir uns leider gezwungen, die produzierten Wagen zu verkaufen, nicht zu verleihen oder zu verschenken. Mit freundlichen Grüßen und besten Wünschen für Ihre Fahrt ..."

Tja, da war guter Rat teuer! Doch nun erbarmte sich mein Vater, der mir keinen Pfennig für dieses „verrückte Unternehmen" geben wollte.

„Ich kann dir nichts schenken und auch unsere Firma nicht mit einem neuen Kredit belasten. Aber ich bin bereit, einen Wechsel für dich zu unterzeichnen, damit du einen ordentlichen gebrauchten Wagen kaufen kannst. Voraussetzung ist, dass du die Summe in monatlichen Raten pünktlich zurückbezahlst und ich mich auf dein Wort verlassen kann." Ich stöhnte – und gleichzeitig fiel mir ein Stein vom Herzen. „Wie soll ich denn das schaffen? Ich kann doch unterwegs kein Geld verdienen." „Dann lass dir was einfallen! Hast du nicht früh genug gelernt *nothing is impossible*?" Richtig! Und hatte nicht Dr. Haendle, Chef vom Dienst der BNN, gesagt, meine Reportagen würden gedruckt, wenn sie gut genug seien? Also musste ich nur erstklassig arbeiten, monatlich Berichte schicken und schon konnte ich mit den Honoraren meine Schulden bezahlen. So einfach war das auf einmal! Ich kaufte einen gebrauchten Ford Kombi, in dem ich auch schlafen konnte, wenn ich das Gepäck umräumte. Er wurde Fridolin getauft und am 20. September 1956 startete ich. Die Safari von Karlsruhe nach Kapstadt konnte beginnen.

Nach der glücklichen Rückkehr acht Monate später widmete ich mein erstes Reisebuch meinen Eltern. Es erschien bei Bertelsmann und hatte eine Auflage von 80.000 Exemplaren.

RAPPENWÖRT

Gerhard Seiler

Für jeden jungen und jeden alten Karlsruher ist Rappenwört
am Rhein der Inbegriff von Sonne, Wärme, Wasser und Freude.
Aber auch im Herbst und im Winter ist eine Wanderung rund
um Rappenwört eine Erholung. Mich verband vieles mit diesem Freibad, das 1927 erbaut und 1929 eingeweiht wurde.
Sicherlich hat jeder eigene Erinnerungen. Meine waren anfänglich alltäglich in doppeltem Wortsinn, später aber auch
zukunftsweisend.

Schwimmen lernte ich freilich im Bad am Kühlen Krug,
dem ehemaligen Militärschwimmbad,
das aber zu meiner Kindheitszeit vom
Karlsruher Schwimmverein Neptun betrieben wurde. Die Alb wurde vorne von
einer „Schleuß" auf einer Länge von 250
Metern gestaut und hinten, d. h. am Eintritt des Flusses, mit einer Stahlbarriere
abgesperrt, um Unrat abzuhalten; freilich hatte das Wasser nicht immer die
beste Qualität. Und gleich hinter der
Barriere war auf der linken Seite ein
Nichtschwimmerbecken betoniert, das
aber je nach Wasserstand gefährlich sein
konnte oder kaum die Füße benetzte.
Immerhin konnten wir Kleinen im Sommer plantschen und Schwimmversuche

Gerhard Seiler
Oberbürgermeister

starten. Soweit meine Erinnerungen. Im Übrigen war das Bad der „Anlage" zu, also gegen den Westen der Stadt hin, mit einem Holzzaun abgetrennt. Wenn man von der Liebigstraße kam, wo wir wohnten, gelangte man irgendwie durch die Holzwand auf eine Badeseite und stand vor der tiefen Alb, die nach meiner Erinnerung mit einem eisernen Geländer abgetrennt war.

Dorthin trieb mich einst – es war wohl anno 1936 – die Neugierde, und die Versuchung war groß, mit Hilfe einer senkrechten Leiter ins Becken, d. h. in die Alb zu kommen, wo ich kühn jetzt auch im Tiefen zu schwimmen anfing. Ich erinnere mich an die Angst, als ich Wasser schlucken musste – aber ich kam hinüber und war dann ein sicherer Schwimmer. Und das ohne Schwimmlehrer im zarten Alter von nicht einmal sechs Jahren. Von da ab verblassen meine Erinnerungen, denn der Krieg kam bald und viele Kinder waren evakuiert, ich nicht, aber ich weiß nicht warum. Heute sieht man nichts mehr von diesem Bad, meinem ersten Schwimmbad.

Mein Opa war während des Krieges im städtischen Elektriziätswerk tätig und als Elektriker unabkömmlich. In den Kriegsjahren nahm er mich während meiner häufigen Schulferien mit ins Geschäft oder gab mich im Rheinhafenbad bei Bademeister Langenstein ab, der ganze Regimenter von Bube und Mädle mit der Blechbüchs auch im Vierordtbad schwimmen lehrte, und holte mich erst abends wieder ab. Das Rheinhafenbad hatte noch keine 50-Meter-Bahn und war am Beckenrand umgeben von Holzbaracken. Der Mittelpunkt war aber der Einlauf, wo meist warmes oder zumindest lauwarmes Wasser in einem dicken Strahl ins Becken floss, gespeist von der Abwärme der Elektrizitätserzeugung, die ja bekanntlich Kühlung braucht: Heute sieht man dafür große Kühltürme in der Landschaft. Ich hatte im Krieg nicht viele Freunde, und die dummen Hühner – ich meine Mädchen in meinem Alter – gackerten herum. Also der Abschied fiel mir leicht. Was ich damals nicht wissen konnte: Dreißig Jahre später verbrachte ich im Sommer meine Mittagszeit als Hafendirektor im Rheinhafenbad, um kräftig zu schwimmen.

Nach dem Krieg wollten viele, auch ich, nach Rappenwört, das noch gut erhalten war. Die Brücke über die Alb im Verlauf der Reinhold-Schneider-Allee war zerstört, die Straßenbahn endet dort, und wir marschierten anno 1946 über eine Holzbrücke bis nach Rappenwört – der Weg war uns nicht zu weit und wir genossen die neue Freiheit und die für uns so tollen Anlagen. Ob sie damals gleich schon so ordentlich waren, weiß ich nicht mehr. Denn sicherlich hat man im Lauf der nächsten Jahre manches auf Vordermann bringen müssen.

Karlsruhe hat ein eigenes Klima, es ist im Sommer oft sehr heiß und in der Rhein-Niederung ist es feucht, d.h. es war oft drückend heiß. Heute empfinde ich das nicht mehr so. Aber in früherer Zeit wurden die deutschen Kolonialsoldaten in Karlsruhe ausgebildet, um sich an das schwül-heiße Klima zu gewöhnen. Es war für uns immer eine große Erleichterung, entweder mit dem Fahrrad oder notfalls in einer überfüllten Straßenbahn ins „Rabbele" zu fahren und dann nach Ablegen der leichten Kleidung ins flache Rappenwört-Becken hineinzulaufen, wo das Wasser hochauf spritzte und man die Erfrischung richtig genoss. Das Rappenwört-Becken war noch lange Zeit offen für Badende, es war etwa 400 Meter breit und man konnte geradeaus circa 150 Meter Richtung Rhein im Becken schwimmen. Vorne waren die Nichtschwimmer, dann kam eine hölzerne Abgrenzung, damit das „Tiefe" und dann – hatte man etwa ein Dutzend verankerte rote Holzkreuze, auf denen man in der Sonne liegen konnte, aber um die oft in Gruppen gekämpft wurde – stundenlang. Bis – ja bis um 6 Uhr herum abends die Schnaken kamen. Das Bad war in kurzer Zeit geräumt, die Durchsagen zur Räumung waren nicht nötig. Wer dann mit der Straßenbahn heimfahren musste, der erlebte nochmals einen Hitzestau in der Elektrischen, in überfüllten Bahnen also. Aber am nächsten Tag kamen sie wieder, alle oder fast alle. Heute ist das Becken für Badende verboten, denn es gab viele Tote durch die kalten Strömungen aus der Tiefe und die Badedirektoren wollten nicht vor den Kadi. Zudem hatte man mit dem neuen Wellenbad eine andere Attraktion.

Viele junge Leute schwammen damals auch im Rhein, was keineswegs verboten war. Bei der Errichtung von Rappenwört baute man sogar vier Schwimmstege hinaus in den Rhein. Aber die Schmutzfracht im Rhein erhöhte sich manchmal deutlich, so dass man die Rheinschwimmerei nicht mehr gerne sah. Nach dem Krieg gab es vom Rabbele aus einen neuen Sport: das Entern der Transportschiffe und das verlief so: Man mied die Raddampfer und machte sich – um die Schleppseile zu meiden – an den letzten Schleppkahn, hielt sich einen Augenblick mit großer Anstrengung an der Bordwand fest und saß auf der Bordkante. Dann kam das nächste Abenteuer, wir sprangen nämlich erst nach der Lautermündung vom Schiff, holten am elsässischen Ufer in einem Jutesack gute Äpfel und ritten auf dem Sack gemütlich nach Rappenwört zurück, denn die Äpfel brachten genügend großen Auftrieb.

Aber nicht immer und nicht alle konnten so dem Vergnügen frönen, sich im Bad zu sonnen, Ringtennis zu spielen oder zwischendurch wieder schwimmen zu gehen. Beispielsweise verlangten unsere Lehrer von der Goetheschule, Entschuldigung Goethe-Gymnasium, nach den Kriegsversäumnissen doch einiges. Und ich war ein Fleißiger oder vielleicht sogar ein Streber, jedenfalls immer ein guter Schüler, also ein Schüler mit guten Noten. Und trotzdem ging's fast jeden Tag ins Rabbele. Was möglich war, weil ich konsequent nach der ersten Abkühlung in den Schatten ging und dort auf meinem Badeteppich lernte. Das ging. Und Nachhilfeunterricht gab ich im Sommer nur abends. Die Nachhilfestunden waren wohl ein Grund meiner guten Noten, denn wie sagt der Lateiner: *docere discimus* oder auf gut Deutsch, denn man lernt ja heute kaum mehr Latein: Indem wir lehren, lernen wir. Und ich verdiente für dortige Verhältnisse ganz ordentlich zwischen einer und einer Mark fünfzig pro Stunde, meist für Nachhilfe in Latein oder Mathe.

Und im Rabbele lernte ich am 27. März anno 1949 ein Mädchen kennen, nämlich die Schwester meines Schulkameraden Walter Schwarz. Es war ein sonniger, schöner, aber noch kühler Frühjahrstag. Sie saß bei Walter auf dem Teppich im dünnen hellblauen Kleid, mit ihren blauen Augen und blonden Haaren und begrüßte mich recht freundlich. Groß und schlank war sie, mit beiden Händen konnte ich ihre Taille umfassen, aber erst später – diesen Tag haben wir beide aber nicht vergessen. An einem wärmeren Tag kam unser erstes gemeinsames Abenteuer: Wir schwammen zusammen über den Rhein. Das war schon ein wenig mutig, zumindest für Trudy, so hieß sie. Ich schwamm kräftiger, aber sie konnte auf der Pfälzer Seite rheinaufwärts auf dem Trampelpfad ohne Probleme barfuß den Rhein hinauf laufen, während ich meine Schmerzen verdrücken musste.

Das war nicht die einzige Begegnung. Oft verabredeten wir uns ins Rabbele, schwammen oder aßen ein Bibbeleskäsbrot im Milchhäusle, und sie lud mich manchmal auf ein Erdbeereis ein, denn sie war als Lehrling in einem Bankhaus, das es heute leider nicht mehr gibt, nämlich bei der Bakola, der Badischen Kommunalen Landesbank, finanziell besser gestellt und ihre Eltern betrieben eine bekannte Konditorei in der Karlstraße, das Café Schwarz. Aber unsere Freundschaft wurde erst gerne familiär, als ich ein Diplom unserer damaligen Technischen Universität in der Tasche hatte.

Tja, so war das 1949 und so ist es mit uns bis heute geblieben. Und heute schreiben wir das Jahr 2012.

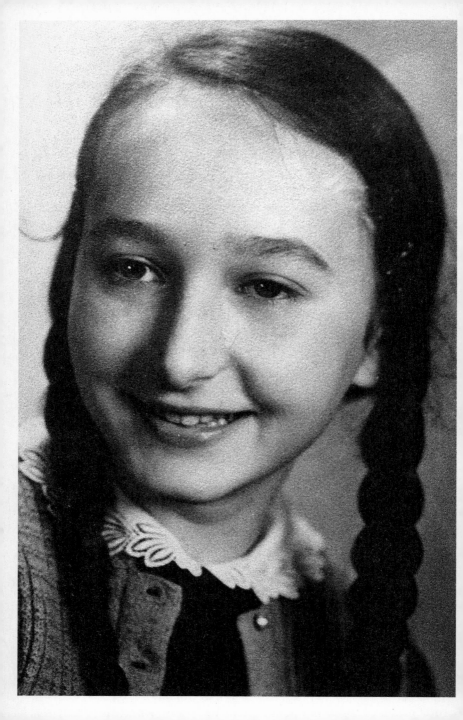

Ein Leben für die Musik

Sontraud Speidel

Meine Eltern sind beide Karlsruher. Während des Krieges
wurden wir ausgebombt und Mutter verließ mit einem Leiter-
wägelchen fluchtartig die brennende Stadt und zog in Richtung Albtal, wo sie in Ettlingen hängenblieb.

Vater war als Soldat im Krieg in Norwegen, und Mutter
wusste nicht, ob er noch am Leben war. Als er dann aus der
amerikanischen Gefangenschaft zurückkam, war ich schon
fast ein dreiviertel Jahre alt.

Ich bin ein Einzelkind, aber das war nie ein Problem für
mich, weil ich immer Freunde und Freun-
dinnen hatte, obwohl ich nie in einem
Kindergarten war. Wir lebten damals in
Ettlingen in der Pforzheimer Straße, in
der wir zweimal umgezogen sind, zuletzt in eine wunderschöne, helle Miet-
wohnung im 4. Stock in der Pforzheimer Straße mit einem herrlichen Blick
auf den Wattberg. Wenn im Frühjahr die
Obstbäume blühten, dann war Vater
stolz, wenn er diesen Ausblick den Freunden und Verwandten zeigen konnte.

Ich hatte eine glückliche Kindheit,
zu der von Anfang an die Musik gehörte.
Meine Eltern waren beide Hobbymusiker,
liebten das Akkordeon und traten in

*Sontraud Speidel
Pianistin*

Spielkreisen auf. Nur mein Onkel, Walter Speidel aus der Waldstraße in Karlsruhe, war von Beruf Musiklehrer und leitete ein Akkordeonorchester.

Mutter kam als junge Frau in die Waldstraße, um Akkordeon-Unterricht zu nehmen und ihr Musiklehrer stellte ihr seinen Bruder Helmut vor, der sich in sie verliebte. Helmut, der später in Ettlingen bei der Firma Buhl als Turbinenwärter arbeitete, war mein Vater. Im Alter von fünf Jahren bekam ich Akkordeon-Unterricht und schon nach ein paar Wochen spielte ich im Trio mit meinen Eltern. Mein damaliger Lehrer, Ewald Vatter, erkannte schon bald, dass ich fürs Klavierspielen begabt war und unterrichtete mich kostenlos in beiden Instrumenten. Schon nach kurzer Zeit riet er meinen Eltern, mich aufs Badische Konservatorium zu schicken, das damals unter der Leitung von Kirchenmusikdirektor Wilhelm Rumpff stand.

Auch als ich in die Ettlinger Schillerschule kam, hatte ich großes Glück, weil mein Rektor Berthold Wasmer ein ausgesprochen musikbegabter Lehrer war. In einem Extra-Klassenzimmer stand ein Harmonium und ich hörte, wie der Rektor spielte, streckte den Finger und sagte zu meiner Klassenlehrerin: „Fräulein Höll, der Rektor spielt in Fis-Dur!"

Bei dieser Gelegenheit stellte sich heraus, dass ich das absolute Gehör hatte. Auch am Konservatorium testete Rektor Rumpff mein Gehör. Er schlug verschiedene Töne oben im Diskant und unten im Bass an. Und dann sagte er einen Satz mit einem Wort, das ich noch nie gehört hatte. „Phänomenal, ausgesprochen phänomenal!".

Mutter, die mich übrigens immer optimal gefördert hat und mich zu jeder Unterrichtsstunde begleitete, war glücklich, als Rumpff mir ein Vollstipendium ermöglichte. Damals war ich sechs Jahre alt.

Friedrich Linnebach, ein gütiger Mensch, wurde mein Lehrer und als Mutter erfuhr, dass er auch in seiner Privatwohnung in der Südendstraße Unterricht gab, bat sie ihn, auch mich dort zu unterrichten, denn das lag näher vom Albtalbahnhof entfernt. Im Nebenzimmer lag die an Multipler Sklerose erkrankte Frau meines Musiklehrers, die immer froh war, wenn ich kam und Mutter sich dann zu ihr ans Krankenbett setzte.

Für mich war dieser Unterricht eine glückliche Zeit. Alles, was ich spielte, war in den Augen meines gütigen Lehrers „wunderbar". Nie hat er mich getadelt, er hat mich immer nur gelobt.

Ich erschrak furchtbar, als mein Lehrer eines Tages mir plötzlich ankündigte: „Das war heute deine letzte Klavierstunde bei mir. Du kommst jetzt zu einer Russin!"

Ich erschrak. Das Wort „Russin" klang damals furchtbar bedrohlich für mich. War die nicht gefährlich und unberechenbar? Und so kam ich 1955 zu der Exilrussin Irene Slavin in die Musikhochschule, wo ich als Vorschülerin aufgenommen wurde. Ich sollte einen langsamen Satz von Mozart spielen, aber ein Kind spielt schnell und die Lehrerin war unzufrieden mit meinen Anschlag. „Was ist denn da falsch?", wollte ich wissen. Und sie antwortete mit einem Satz, den ich nicht vergesse: „Falsch ist nichts, aber es ist nicht gut!"

Später lachten wir beide über diese Episode und noch später unterrichtete ich die Enkelkinder von Irene Slavin.

Dass ich ausgerechnet in den Unterricht zu Frau Slavin kam, hat eine Vorgeschichte. Die Professorin war beim Vorspiel im Konservatorium auf mich aufmerksam geworden. Ihr war aufgefallen, dass ich musikalisch und technisch weit fortgeschritten, aber pianistisch nicht genügend ausgebildet war. Sie bekniete den Direktor der Musikhochschule: „Ich will Speidel, das wird eine Pianistin!" Er blieb skeptisch: „Ach was, Mädchen heiraten doch, kriegen Kinder und geben das Klavierspiel auf." Immer wieder bedrängte ihn die Slavin: „Ich will Speidel, ich will Speidel!" Schließlich gab er nach und ich, die von all dem, was hinter meinem Rücken geschah, nichts ahnte, wurde ihre Schülerin und hatte das Glück, sieben Jahre von ihr ausgebildet zu werden. Und sogar nach meinem Abitur nahm ich noch ein Jahr Unterricht bei ihr. Nie werde ich den Weg zwischen Ettlingen und Karlsruhe vergessen, wo ich mindestens einmal pro Woche mit meiner Mutter, die alle Schleichwege kannte, von Ettlingen nach Karlsruhe zum Musikunterricht radelte. Musik war immer eine Freude für mich, nie eine Plage.

Mit 16 Jahren lernte ich durch Frau Slavin meinen späteren Mann Alfred Czammer kennen. Obwohl wir uns nicht kannten, hatte uns unsere Lehrerin für eine gemeinsame Rundfunkaufnahme vorgeschlagen. Wir haben viel gelacht, wenn wir später unsere Trauzeugin Irene Slavin eine „alte Kupplerin" nannten, denn schließlich hatte sie uns beide ja zusammengebracht. Wie viel verdanke ich doch meiner alten Lehrerin Irene Slavin, die mich immer zu internationalen Wettbewerben schickte.

Mit 21 Jahren hatte ich in der Rekordzeit von vier Semestern mein Studium als Pianistin und Klavierpädagogin abgeschlossen und das Konzert- und Pianisten-Examen abgelegt. Nach einem Jahr bei Yvonne-Laurier-Messien bekam ich ein Stipendium nach Brüssel zu Stefan Askenase und nach Luzern zu Geza Anda.

Früh schon war ich auf Reisen, lernte die ganze Welt kennen und errang viele Auszeichnungen bei Wettbewerben. Mit 22 Jahren zum Beispiel gewann ich beim internationalen Bachwettbewerb in Washington den ersten Preis. Karlsruhe blieb unser Lebensmittelpunkt, nicht zuletzt, weil mein Mann und ich hier unsere Eltern hatten, um die wir uns beide kümmerten. Ich bin viel herumgekommen, habe wiederholt längere Zeit in den USA und Kanada gelebt, aber hier im Badischen lebt es sich gut.

KIRCHE, MUSIK UND FUSSBALL

Bernd Uhl

Wenn ich an meine Kindheit denke, dann fällt mir die schöne Zeit bei meinen Großeltern in der Gartenstadt in Rüppurr ein.

Ich wurde 1946 in Karlsruhe geboren, eine Zeit, in der die Karlsruher Innenstadt einem Trümmerfeld glich und die Menschen unter den Folgen des Krieges zu leiden hatten. Im Garten hinter dem Haus in Rüppurr hielten meine Großeltern zwei Ziegen, Stallhasen, Hühner und Katzen. Einen Teil der Ziegenmilch verkauften sie, und ich weiß noch, dass es an Festtagen wie Ostern immer Hasenbraten mit Kartoffelsalat und Nudeln gab.

Bernd Uhl
Weihbischof

Die Gartenstadt, das war für mich als Kind der Ort der großen Freiheit, wo ich Fußball spielte auf dem Bolzplatz. Als dort dann die Schule im Eichelgarten gebaut wurde, mussten wir Kinder uns nach einem anderen Platz umsehen. Hier in der Nachbarschaft meiner Großeltern hatte ich einen Freund, der meiner Meinung nach alles besaß, was ich nicht haben durfte, aber was ich trotzdem mit Begeisterung las. Die berühmten „Schundhefte", wie unsere Lehrer das nannten: Tarzan, Akim, echte Helden und Muskelprotze und Fix und Foxi.

Mein Freund Heinz Zentner war künstlerisch begabt, und ich bestaunte seine Comics, die er eigenhändig gezeichnet hatte. Ein Talent übrigens, das ihm später in seinem Beruf als Graphiker beim Badenia-Verlag und danach bei Burda in Offenburg zugute kam.

Vater war 1940 in Belgien im Krieg mit dem Motorrad verunglückt und musste zwei Jahre lang in einem Gipsbett liegen. Danach fand er eine Stelle an der KLV, der Karlsruher Lebensversicherung, einem der ersten Karlsruher Hochhäuser, das Alex Möller später bauen ließ. Noch heute ist Vater trotz seines hohen Alters geistig so fit, dass er immer noch selbst seine Steuererklärung macht und seine Bankangelegenheiten verwaltet.

Mutter arbeitete als Sekretärin und sie war viele Jahre lang die rechte Hand von drei Präsidenten am Verwaltungsgericht an der Südlichen Hildapromenade. Ich kam zunächst in einen Kinderhort, dem „Haus Sonnensang", das Pfarrer Dr. Binder, genannt „Bimbo", ein Priester mit einem großen sozialen Herzen, gegründet hatte.

Meine Eltern, die schon ihre „Eiserne Hochzeit" feiern durften und heute mit mir in Freiburg in der Nähe des Ordinariats leben, hatten nach dem Krieg nichts, und so wohnten wir in Untermiete im Laubenweg in der Nordweststadt. Uns ging es wie so vielen Menschen, die sich in der Nachkriegszeit eine neue Existenz aufbauen mussten. Erst 1956 zogen sie in die Reinhold-Frank-Straße um, in die Nähe des Badischen Konservatoriums, was schon früh in meinem Leben eine große Rolle spielte.

Ich fühlte mich schon als Kind zur Musik hingezogen und in der Draisschule hatte ich ab der dritten Klasse Flötenunterricht bei Frau Nöldecke. Bald darauf erhielt ich Unterricht im Klavierspiel. Mutter sang und spielte auf einem alten Klavier, das wir geerbt hatten. Und ich erinnere mich, dass ich auch später noch, als ich das Goethe-Gymnasium besuchte, viele Stunden am Klavier „vertrödelte" und komponierte, anstatt meine Hausaufgaben zu machen. Zum Üben mussten meine Eltern mich nie zwingen, das war keine Last für mich. Im Gegenteil, Musik zählt in meinem Leben zu den Dingen, die mich geprägt und immer begleitet haben.

Damals, als ich ein Kind war, ging die Straßenbahnlinie nur bis zur Hertzstraße. Ich erinnere mich aber noch, wie Oberbürgermeister Klotz die Verlängerung der Schienen bis zur Neureuter Straße einweihte. Links der Schienen wohnten wir im Laubenweg. Damals gehörte uns Kindern die Straße zum Spielen. Mit Kreide malten wir „Himmel und Hölle" auf den Boden und spielten Völkerball oder mit „Merwele". Es gab ja nur ein einziges Auto in unserer Straße, und das war ein alter DKW-Viertakter. Dass wir als Kinder noch zum Baden an den Rhein fuhren, ist heute unvorstellbar. Der Vater meines Freundes, Max Diehm, war einer der ersten Wissenschaftler, die die wachsende Luftverschmutzung nachwiesen. Bald darauf nahm die Rheinverschmutzung so zu, dass es mit dem Baden vorbei war. Ich hatte mir übrigens das Schwimmen im Rüppurrer Freibad mit neun Jahren selbst beigebracht, worauf ich sehr stolz war.

Auf der anderen Seite der Straßenbahnschienen war ein neues Siedlungsgebiet für Flüchtlinge entstanden, wo die älteren Frauen mit Kopftüchern und langen Röcken herumliefen, wie heute die muslimischen Frauen. Es war die Zeit der Ära Klotz, als sich ein neues Stadtviertel in den Hardtwald fraß, die Waldstadt.

Im Gedächtnis geblieben ist mir auch die Kinderoper „Rumpelstilzchen", die wir als Schüler des Konservatoriums aufführten. Ich hatte die Rolle des Müllers übernommen und der Kritiker der Badischen Neuesten Nachrichten, Otto Gillen, hatte mich in seinem Artikel lobend erwähnt: „Ein kommendes Bühnentalent!", schrieb er.

Natürlich habe ich mir den Artikel ausgeschnitten und bis heute aufbewahrt. Ich glaube, dass mich solche Erlebnisse gelehrt haben, vor öffentlichen Auftritten keine Angst zu haben. Als Bischof und Prediger kommt mir das heute noch zu Gute. Auch die Erfahrung als junger Klavierspieler, wenn ich zum Beispiel eine große Sonate von Prokofjew auswendig lernen und vor Publikum vortragen musste, möchte ich nicht missen. Ich finde, dass Musik eine große pädagogische Wirkung auf Kinder hat. Auch bei der Matthäus-Passion in der Christuskirche, die mir damals nur mit Krone viel besser gefallen hat als heute mit dem spitzen Turm, habe ich als Schüler mitgewirkt. Bach ist heute für mich, wenn ich am Klavier sitze, einer meiner liebsten Komponisten und früher war das eher Chopin.

Meine Großmutter mütterlicherseits wohnte im Neuen Zirkel 3. Sie hatte ein Theaterabonnement und schenkte mir hin und wieder eine Karte. So kam ich mit elf Jahren zum ersten Mal in den „Rosenkavalier", der für mich als Kind ewig lang dauerte. Richtig begeister war ich aber von „Cosi fan tutte" mit Barry Mac Daniel und Eva Bober. Der „Lohengrin", den ich 1963 mit David Aiken und Leonore Kirschstein erleben durfte, ist mir heute noch in Erinnerung. Karlsruhe war ja das Sprungbrett für viele Talente, die später eine große Bühnenkarriere machten. Von da an war ich Wagnerianer.

Bis heute noch kann ich nicht verstehen, dass die Karlsruher ihr altes Theater abgerissen und dafür einen so hässlichen und dazu noch unter Denkmalschutz stehenden Betonklotz als Bundesverfassungsgericht erhalten haben.

Wenn ich sonntags mit meinen Eltern im Botanischen Garten spazieren ging, stand ich staunend vor der eindrucksvollen Theaterruine und sah das Metallseil herunterhängen, an dem einst der rote Bühnenvorhang aufgehängt war. Eine der Attraktionen im Botanischen Garten war für mich als Kind der „Oskar", ein riesiger Karpfen, der im Seerosenbecken lebte. Rief man ihn beim Namen, kam er angeschwommen und streckte sein Fischmaul aus dem Wasser.

Fragt man mich danach, was mich in meiner Kindheit und Jugend besonders geprägt hat, dann sind das drei wesentliche Dinge: die Kirche, der Fußball und die Musik. Als Kind besuchte ich die Gottesdienste im ehemaligen alten Kasino der Amerikaner, wo heute der Gemeindesaal von St. Konrad untergebracht ist. Sonntag für Sonntag begleitete ich meinen Vater zur Heiligen Messe. Manchmal hörte man im Gottesdienst das Geschrei der FC-West-Anhänger. Wenn ein Tor gefallen war und der Lärmpegel den Gottesdienst störte, dann wetterte Pfarrer Hirsch gegen die rücksichtlosen Fußballfans.

Auch bei mir spielte der VfB Mühlburg in meiner Kindheit eine große Rolle. Wenn ein Heimspiel war und die kleine Klitsche mit 15.000 Zuschauern rappelvoll war, dann schlug mein Fußballherz höher. Kein Wunder, ab fünfzehn war ich ja selbst als Fußballer im DJK Rüppurr aktiv.

Rudi Fischer, Max Schwall und der lange Heinz Beck waren unsere Stars. Und noch heute ist es mir nicht gleichgültig, ob der KSC gewinnt oder verliert. Beim KSC, da lebe ich mit, auch wenn das die Freiburger vielleicht nicht so gern hören wollen.

Ja, die Musik darf ich nicht vergessen und auch nicht meine Lehrer Mathilde Sonsalla und Alexander Furtwängler und die Professoren am Badischen Konservatorium Theo Braun und Eugen Werner Velte, der Komposition unterrichtete und Lehrer des berühmten Wolfgang Rihm war. Ich erinnere mich auch an die Ostertags und Sontraud Speidel, die zu meiner Zeit auch am Badischen Konservatorium Unterricht hatten und heute bekannte Künstler sind.

Neun Jahre lang ging ich ins Goethe-Gymnasium und mein Religionslehrer war Otto Graf, der wohl ein wenig darunter litt, dass er nicht Professor geworden war. Entscheidende Impulse für mein späteres Theologiestudium erhielt ich im ND, Bund Neudeutschland, wo die Jesuiten wie Pater Otto Gaupp und Pater Erich Rommerskirch eine offene Jugendarbeit praktizierten. Unvergesslich sind mir die Zeltlager, die uns bis hinauf nach Lappland führten, und natürlich auch, wie es damals üblich war, die Tanzstunde bei Großkopf, wo der junge Tanzlehrer Fessin, der immer mit der alten, temperamentvollen Frau Großkopf vortanzte, plötzlich mitten in der Tanzstunde nach Tango, Rumba und English-Waltz einen Beatles-Song auflegte. Ich höre es noch heute: „I wanna hold your hand ...“ Das elektrisierte uns, das waren ganz neue Klänge. Zu schade, dass auch die schöne alte Villa in der Reinhold-Frank-Straße abgerissen wurde.

Nach dem Abitur hätte meine Mutter wohl am liebsten einen Juristen aus mir gemacht, aber ich entschloss mich, Romanistik, Deutsch und Philosophie zu studieren. Aber nach einem Semester dachte ich, wenn ich das weitermache, werde ich unglücklich. Das war einfach nicht mein Ding: Weder Thomas Mann und seine „Lotte in Weimar“ noch Fontanes „Irrungen und Wirrungen“ fesselten mich. Schon als Schüler hatte ich angefangen Augustinus und seine „Konfessionen“ zu lesen, die Nachfolge Christi von Thomas a Kempis und die „Pensées“ von Blaise Pascal. Das Musikstudium hätte mich noch am ehesten gereizt, aber Philosophie und Theologie, das war meine Welt, die mich anzog.

Ich spürte, dass ich diesen Weg gehen musste, denn der Mensch muss sich ja mit einer Sache identifizieren können. So fing ich an, in Freiburg Theologie zu studieren und pendelte mit meinem Freund Wolfgang Sauer zwischen Karlsruhe und Freiburg hin und her. Er hatte damals schon einen roten VW-Käfer.

Jetzt lebe ich nach einer dreijährigen Kaplanszeit an der Jesuitenkirche in Heidelberg schon seit 1977 im schönen Freiburg, der zweitgrößten Diözese Deutschlands, bin Weihbischof und weiß, dass der Priesterberuf der richtige Weg für mich war.

Ein Bahnhofskind

Ingo Wellenreuther

Eigentlich bin ich ein „Bahnhofskind", weil ich es geschafft habe, den Radius meines festen Wohnsitzes in nun fast 52 Jahren ganz begrenzt und rund um den Karlsruher Hauptbahnhof festzulegen. Bahnhofstraße, Beiertheimer Allee und Klosestraße, das sind die Orte, wo sich mein Leben abgespielt hat.

Sieben Jahre lang habe ich mit meinen Eltern in der Bahnhofstraße Nummer 26 gewohnt. In der Vorholzstraße ging ich in den Kindergarten und danach wurde ich am 12.12.1966 in der Beiertheimer Grundschule einge-schult. Ich glaube, dass ich in Karlsruhe eines der wenigen Kinder mit zwei Schul-tüten bin, denn mein Vater, welcher kein Freund des Kurzschuljahres war, das da-mals eingeführt wurde, hielt es für die Entwicklung eines Kindes nicht unbe-dingt förderlich, ihm ein Kurzschuljahr zuzumuten.

Ingo Wellenreuther
KSC-Präsident

Nun aber war meine erste Schultüte schon gekauft und gut gefüllt mit Sü-ßigkeiten. Kurz bevor ich mit den andern Erstklässlern das Klassenzimmer betrat, fragte mich Vater plötzlich: „Meinst du, dass du zwei Schultüten leerfuttern kannst?" Ich nickte, und damit war der

Fall entschieden. Wir kehrten augenblicklich um und verließen den Beiertheimer Schulhof. Und während die anderen Schulanfänger in ihr Klassenzimmer strömten und sich erwartungsvoll auf ihre Plätze setzten, machten meine Eltern noch am selben Tag einen Ausflug mit mir in den Hardtwald. Da verspeiste ich dann genüsslich den Inhalt meiner ersten Schultüte.

Vier Tage vor meinem 7. Geburtstag bekam ich dann meine zweite Schultüte und wurde endgültig eingeschult und fühle mich seither als ein echtes Beiertheimer Kind. Bald schon wurde mir klar, dass sich die Beiertheimer und die Bulacher nicht leiden konnten und sich bei jeder Gelegenheit in die Haare gerieten. Verstehen konnte ich das nicht als kleiner Junge, denn mein Großvater stammte aus der „Schäumenden Alb" in Bulach, die damals für alle Karlsruher ein beliebtes Ausflugslokal war, zu dem man über eine hölzerne Brücke gelangen konnte. Ich hatte also keine Vorurteile, aber als ich im Beiertheimer Handballverein spielte, stellte ich fest, dass gleich hinter dem Sportplatz die Grenze zwischen den beiden verfeindeten Ortsteilen verlief. Wehe ein Bulacher verirrte sich auf Beiertheimer Terrain oder umgekehrt. Das ging nicht ab ohne Raufereien und Schläge. Schon in meiner Grundschulzeit hatte ich gelernt, wo man als Beiertheimer hinfährt, und wo nicht. Heute schmunzeln die Beiertheimer und Bulacher über die alten Animositäten, aber damals ging es noch hart zur Sache, wenn die Grenzen nicht respektiert wurden.

Als Beiertheimer Kind habe ich auch gelernt, dass die Karlsruher einen großen Teil ihres Geländes rund um den Bahnhof, den wohlhabenden Beiertheimer Bauern verdanken, die ihren Acker oder ihren Grundbesitz an Karlsruhe nach und nach verkauft haben. Und wer weiß noch, dass zum Beispiel das Stephanienbad an der Alb so eine Art Sommerfrische für die Karlsruher war? Und weil ich eine Schwäche für Zahlen und Daten habe, erinnere ich mich auch heute noch an den

31. März 1974, den Tag meiner Konfirmation im Stephanienbad und auch an den Konfirmandenspruch Römer 10, Vers 10, den mir der Pfarrer mit auf den Weh gab: „Wer mit dem Herzen glaubt, wird von Gott als gerecht anerkannt; und wer mit dem Mund bekennt, wird im letzten Gericht gerettet". Mit meiner Familie ging ich auch öfters an Feiertagen in die St. Michaelskirche in die kroatische Messe.

Als ich aufs Gymnasium kam, stand fest, dass ich mit meinen Freunden ins Goethe-Gymnasium gehen würde. Vater hatte mir einmal erzählt, dass er nach dem Krieg, das Notabitur hatte er schon in der Tasche, hier als erster Abiturient nochmal ein Einzelabitur abgelegt hat.

Immer wieder denke ich, dass ich eine glückliche Kindheit hatte, keine glückliche Schulzeit vielleicht, aber eine schöne Kindheit. Unser Haus stand immer offen für meine Freunde, mit denen ich stundenlang im Garten, Hof oder Keller Fußball spielen durfte. Der Sport hat in meinem Leben immer eine wichtige Rolle gespielt. Meine Mutter hatte früher Handball gespielt und so dachte ich als Kind, dass Handball ein Frauensport ist. Aber als ich dann selbst auf Drängen meiner älteren Freunde im Beiertheimer Handballverein spielte, änderte ich schnell meine Meinung. Übrigens hatte die Jugendmannschaft unseres Vereins einmal den dritten Platz bei den deutschen Jugendhandball-Meisterschaften belegt.

Sport war mein Leben! Wenn ich um 13 Uhr aus der Schule kam und zu Mittag gegessen hatte, dann ging es ab aufs Fahrrad zum Beiertheimer Sportplatz. Erst zum Abendessen um 18.30 Uhr tauchte ich wieder zu Hause auf.

In der Grundschule war ich anerkannter „Rechenkönig", was später mein Verhängnis wurde, denn ich bildete mir ein, dass Mathematik in etwa identisch ist mit dem Kopfrechnen, in dem ich fast unschlagbar war. Ich weiß noch, dass ich regelmäßig mit meinem Freund Oliver Speck und seiner Mutter einmal pro Woche Schönschreiben üben musste, auch wenn der Drang zum Fußball noch so groß war. Unvergesslich ist mir auch, wie ich einmal am Geburtstag meines Freundes Oliver Bierhalter, dessen Vater einen Getränkehandel hatte, am Nachmittag sieben Stück Erdbeerkuchen verdrückte, mit Folgen natürlich.

Als Schüler war ich, wenn ich zurückdenke, ein „fauler Hund", denn als Pubertierender habe ich das Lernen fast gänzlich eingestellt und mir gedacht, dass das bei einer gewissen Grundintelligenz überflüssig sei. Auch das habe ich gebüßt. Ulrich Becker, der heute Chirurg ist und neun Jahre lang mein Banknachbar im Goethe war, kann das bestätigen. Er war immer ein ordentlicher Schüler, wovon ich reichlich profitiert habe. In seiner Familie gab es wie beim alten englischen Adel ein Tee-Ritual und täglich wurde um 15.45 Uhr Tee getrunken. Wenn es bei mir in Französisch eng wurde, bestellte uns Frau Becker zum Tee ein, hörte uns Vokabeln ab und schrieb mit uns französische Diktate.

Ständig war ich mit dem Sport beschäftigt und schon deshalb waren in meiner Familie solche Rituale nicht möglich.

Wenn ich so an meine Schulzeit zurückdenke, dann muss ich zugeben, dass ich nicht mein Lehrer hätte sein wollen. Ich schaue mir mein Foto auf dem Führerschein an, sehe die langen Haare und muss daran denken, dass ich oft zu den Schülern gehörte, die protestierten und den Lehrern das Leben nicht gerade einfach machten. Beeindruckt hat mich aber immer unser Deutschlehrer Walter Beilhack, der war so begeistert von der Literatur, dass ich überlegte, ob ich nicht Germanistik studieren sollte. Aber Lehrer werden war nicht meine Sache. Das analytische und das abstrakte Denken zogen mich an. So studierte ich in Heidelberg und Gießen Jura und wurde Richter. Aber meine Lebenserfahrung, die stammt nicht von der Universität, die habe ich mir woanders erworben.

Am 7. August 1989, ich habe es immer mit den Zahlen, trat ich in Baden-Baden meine erste Stelle als junger Staatsanwalt an. Und als ich später als Richter ans Landgericht Karlsruhe kam, da hatte sich für mich der Kreis geschlossen. Ein Traum war in Erfüllung gegangen, weil ich mir schon immer gewünscht hatte, in meiner Heimatstadt Karlsruhe tätig zu werden, denn am schönsten finde ich es dort zu arbeiten, wo ich die Menschen kenne.

Als Kind war es mein Traum, Mittelstürmer im KSC zu werden. Und was ist daraus geworden? Hätte ich es mir jemals vorstellen können, eines Tages Präsident meines Vereins zu sein?

Seit 30 Jahren sitzen wir Familienmitglieder nun einträchtig auf einer Viererbank im KSC-Station und fiebern dem Spiel entgegen. Diese Spiele sind für uns wie eine Art Familienzusammenführung: Vater, Mutter, Sohn und Schwiegertochter sitzen nebeneinander, hoffen, bangen und leiden, wenn der KSC eine Torchance verpasst, und schreien und jubeln, wenn er gewinnt. Karlsruhe ist meine Heimat und mein Schicksal und ich fühle mich verantwortlich für meine Stadt, ob hier oder in Berlin.

KINDHEIT IN SCHEFFELS GARTEN

Vera-Maria Wieland geb.
Freiin von Reischach-Scheffel

Mein Geist fliegt zu den Sternen, obwohl ich mich heute nur mit Mühe bewegen kann, und meine Gedanken kehren zurück zu meiner Kindheit und Jugend, die ich in Karlsruhe verbracht habe.

Am 3. November 1924 kam ich im alten Scheffelhaus in der Stephanienstraße Nr. 16 zur Welt, es war am Hubertustag, den mein Vater als passionierter Jäger besonders freudig als den Geburtstag seiner Tochter begrüßte. Sankt Hubertus ist der Schutzheilige der Jäger und so lautet auch einer meiner vielen Vornamen Huberta. Im Scheffelhaus lebte früher mein Urgroßvater, der Dichter Josef Viktor von Scheffel, von 1826 bis zu seinem Tode 1886. In meiner sehr traditionsbewussten Familie wurde über Jahrzehnte hinweg im Hause nichts verändert. So lebten wir in Scheffels Einrichtung, blickten auf seine Gemälde und benutzten seine Gegenstände. In seiner riesigen Bibliothek, in der ich schon als Kind Stunden verbrachte, begann ich mir selbst an großen Bilderfibeln das Lesen beizubringen.

Vera-Maria Wieland
geb. Freiin von
Reischach- Scheffel
Ehrenpräsidentin
der Literarischen
Gesellschaft

Meine Geschwister und ich spielten in Scheffels verwunsche-
nem Garten unter seinen geliebten Bäumen. Bäume hatten in
Scheffels Leben immer eine starke symbolische Aussagekraft.

Die Stephanienstraße war damals bestanden von unzähligen rosa- und weißblühenden Kastanienbäumen. Autos fuhren nur ganz selten, und so konnten die Bäume und die Straße
in unsere Spiele mit einbezogen werden. Wir trieben unsere
Reifen die Trottoirs entlang, schlugen mit der Peitsche auf
unsere Tanzknöpfe ein, ließen die Kreisel surren und auf dem
sandigen Boden unter den Kastanien trugen wir unsere Mer-
bele-Wettkämpfe aus. In der Fastnachtszeit warteten wir oft
stundenlang, bis ein Auto kam, das unsere über die Straße
gespannten Papierschlangen mitnahm.

Zu Großherzogs Zeiten war die Stephanienstraße meistens
von Hofbeamten bewohnt. Man kannte sich, lud sich regelmäßig zu interessanten Gesprächen oder Vorträgen ein und
war sich freundschaftlich verbunden.

Die Wurzeln meines Lebens sind ganz tief im geliebten
Karlsruhe versenkt, nicht nur weil Scheffel mütterlicherseits
mein Urgroßvater war, sondern auch weil ich väterlicherseits
direkt vom Stadtgründer Markgraf Karl Wilhelm abstamme.
Oft besuchten wir mit den Eltern bei kleineren Spaziergän-
gen die Denkmäler der Ahnen. Mein Bruder machte einen
Diener, wir Mädchen knicksten, winkten himmelwärts und
riefen: „Grüß Gott, Opale!" Das sind Kindheitserinnerungen, die sich in meine Seele eingegraben haben.

Was meine Schulzeit betrifft, für mich war sie einfach herr-
lich. Die ersten vier Grundschuljahre besuchte ich die Semi-
narschule, die heute nicht mehr existiert und vis-a-vis vom
Bismarck-Gymnasium lag. Bis zum Abitur war ich in der Les-
singschule. Mit meiner Freundin Regine von Teuffel, meiner
„Intima", ging ich in der Pause Arm in Arm über den Schulhof, bis uns eines Tages der Direktor ins Rektorat einbestellte
und uns vorhielt, dass unsere enge Freundschaft „eine De-

monstration des Adels" sei und das Unterärmeln ab sofort zu unterlassen sei. Regines Eltern nahmen daraufhin ihre Tochter schnellstens von der Schule und brachten sie nach Salem.

Beschämt muss ich bekennen, dass Schüler oft sehr unbarmherzig sind. Ich ging in einer Zeit aufs Gymnasium, als viele junge Lehrer an der Front waren und die alten Kollegen wieder in den Schuldienst zurückberufen wurden. Viele von ihnen waren „verbraucht" und recht skurrile Persönlichkeiten, für uns Junge natürlich ein gefundenes Fressen. An einen Lehrer erinnere ich mich besonders, den man ganz leicht vom Unterrichtsthema abbringen konnte, indem wir ihm Fragen über seine Erlebnisse während des Krieges 1914–1918 stellten. Somit war der Unterricht gelaufen. Einmal entwendeten wir ihm einen Ringblock, der genaue Anweisungen über sein Verhalten vor der Klasse enthielt. Mit Lineal rot unterstrichen stand da zum Beispiel: „Klasse immer im Auge behalten! Sich nie von Fragen vom Thema ablenken lassen!"

Eine wichtige Zeit in meinem Leben war der Konfirmandenunterricht bei Pfarrer Metzger, der nur zwei Häuser entfernt von uns in der Stephanienstraße wohnte. Von ihm wurde ich mit 16 Jahren in der Schlosskirche konfirmiert, in der 1921 meine Eltern geheiratet hatten. Nach dem Wiederaufbau des Schlosses nach dem Zweiten Weltkrieg war die ehemalige Kirche in einen Vortragssaal des Badischen Landesmuseums umgewandelt worden und ich setzte mich immer auf den Platz, wo ich als Konfirmandin gesessen hatte.

Eine große Rolle spielte für mich als junges Mädchen auch das ehemalige Hoftheater am Schloss. Wie schön war das, wenn man in der Theaterpause unter den Linden flanieren konnte und natürlich war auch der kurze Weg von der Stephanienstraße zum Theater ideal. Wenn ich mir mühsam fünf Mark zusammengespart hatte, ging ich zum alten Fräulein Kessler an die Vorverkaufskasse und kaufte mir einen Platz in der ersten Reihe. Ich sah dort fast alle Opern und klassischen

Schauspiele mit großartigen Ensembles und wunderbaren Gast-schauspielern. Ich erinnere mich noch gut an Heinrich George als „Götz von Berlichingen", der dort umjubelt wurde und unzählige Male aus der kleinen Tür des Eisernen Vorhangs vor das Publikum trat.

Nach dem Abitur hatte ich feste Pläne. Ich wollte in Straß-burg und Prag Germanistik und Französisch studieren. Aber sechs Tage nach dem Abitur wurde ich zum weiblichen Ar-beitsdienst RADwJ eingezogen, wo ich bis zum Kriegsende blieb. Der Krieg beendete meine Jugendträume, die ich im späteren Leben in abgewandelter Form realisieren konnte. Ich wurde Buchhändlerin in Stuttgart und Karlsruhe.

1944 fiel das Scheffelhaus durch eine Luftmine in das Bis-marck-Gymnasium in Schutt und Asche. Nur die Fassade blieb erhalten. Meine Familie kehrte 1945 zum Stammschloss Nuß-dorf zurück. Ein freundliches Schicksal führte mich jedoch zum Glück 1958 wieder in mein geliebtes Karlsruhe zurück, weil mein Mann bei Professor Egon Eiermann Architektur studierte und später hier sein eigenes Büro hatte. Ich blieb ein Leben lang der Literatur verbunden, denn mein Vater hatte 1924 den Scheffelbund, die spätere Literarische Gesellschaft gegründet.

Süsse Schnitte oder salzige Brezel?

Joachim Wohlfeil

Ich war ein zartes zurückhaltendes „Büble" und bin in der Scheffelstraße als Sohn einer Karlsruher Mutter und eines Berliner Handwerksmeisters aufgewachsen. Das Bild der Scheffelstraße, wie ich es als Kind erlebt habe, sehe ich noch genau vor mir: Gegenüber unserem Gagfah-Wohnblock lag eine Kohlenhandlung, das Autohaus Vollmer und eine Firma, die Traktoren an Landwirte verkaufte. Wann immer es möglich war, spielten wir auf diesem Gelände, bis der Hausmeister uns davonjagte. Nicht weit von uns, auf der Kaiserallee, residierte die Firma „Eto-Suppen", die nach dem Krieg in jedem deutschen Haushalt zu finden waren.

Meine Grundschulzeit in der Gutenbergschule war geprägt vom Lehrer Ganz aus Daxlanden, der versuchte, das Selbstbewusstsein des kleinen Jungen zu stärken und mir sein Vertrauen schenkte. Täglich um zwölf Uhr hatte ich die ehrenvolle Aufgabe, ihm am Kiosk seine „Abendpost" zu besorgen, eine Auszeichnung, die es mir erlaubte, das Schulgelände zu verlassen. Schönschreiben spielte damals im Unterrichtsplan noch eine wichtige Rolle und dafür wurden auch im Zeugnis Noten vergeben und

*Joachim Wohlfeil
Präsident der
Handwerkskammer*

231

ich hatte eine fürchterliche Schrift. – Auch an unseren beinamputierten Lehrer erinnere ich mich noch. Tatzen verteilte er meistens im Dreier- oder im Doppelpack. Drei Schläge auf die rechte Hand, drei Schläge auf die linke. Wenn der Bestrafte im richtigen Augenblick seine Hand zurückzog, dann sauste das Tatzenstöcken in Richtung Holzbein und wir Schüler freuten uns diebisch.

Manchmal trafen die damals üblichen Schläge auch einen Unschuldigen wie im Kommunionunterricht, wo ich im Gefolge von drei Mitschülern vom Kaplan rechts und links eine saftige Ohrfeige verpasst bekam. „Ich habs nimmer hewe könne", meinte der Kaplan entschuldigend später gegenüber meinen Eltern beim Hausbesuch. Eigentlich bewunderte ich den Kaplan, der mit uns Buben in der Freizeit an der Alb in kurzen Hosen Sport machte. Das war früher, als die Pfarrer noch mit weißen Stehkragen und Soutane herumliefen, für uns Kinder ein ungewöhnlicher Anblick.

Wir hatten unser Vesperbrot dabei, und der Kaplan spendierte uns nach dem Sport ein Sinalco, das er zum Kühlen in der Alb gelagert hatte. Manchmal bekamen meine Schwester und ich zehn Pfennige von unserer Mutter. Süße schwarzweiße Schnitte oder salzige Brezel, so lautete dann die Frage beim Bäcker. Wir Geschwister teilten uns ganz einfach den Genuss, damit jeder beides probieren konnte. Neben uns in der Scheffelstraße gab es einen Gemüseladen für den ich eifrig alte Zeitungen sammelte, in die das Gemüse und die Salate für die Kunden eingepackt wurden. Meine Belohnung bestand dann immer in einer einzelnen köstlichen Frucht, einem Edelpfirsich oder einer Ringlo.

Immer wenn durch unsere Straße das Bierfuhrwerk der Brauerei Moninger fuhr, sprang die Gemüsefrau, mit einer Blechschaufel aus dem Haus, sammelte die Rossbollen ein und düngte damit den Garten hinter dem Haus. Das fand ich als Kind furchtbar eklig und unwürdig für eine Hausbesitzerin.

Ich gehörte zu den Kindern, die furchtbar zappelig werden, wenn man ihnen eine Frage stellt. Ich wusste meistens die richtige Antwort, aber im entscheidenden Augenblick war ich wie gelähmt.

Als es um die Aufnahmeprüfung in das Helmholtzgymnasium ging, gab mir Lehrer Brandenburg keine Empfehlung. Ich sei noch nicht reif dafür, argumentierte er, und sollte erst die Volksschule zu Ende machen. Der Junge im Haus gegenüber kam ins Gymnasium und obwohl er mein Freund war, verbot ihm seine Mutter ab sofort den Umgang mit mir.

Vater war Halbwaise und hatte schon als Kind die Verantwortung für seinen Vater übernommen, der im Rollstuhl saß. Er wusste aus Erfahrung, wie wichtig eine gute Schulbildung war und seine Kinder sollten es besser haben als er. So leicht gab er nicht nach. Durch Zufall entdeckte er in den Badischen Neuesten Nachrichten eine Anzeige der Pforzheimer Waldorfschule, die zu einem Vortrag über Rudolf Steiner einlud. Noch in derselben Woche entschloss er sich, meine Schwester und mich in der Waldorfschule anzumelden. Beim Aufnahmegespräch ging es ganz locker zu: „Ja, wir nehmen ihre Kinder", hieß es. Innerhalb von 14 Tagen meldete uns mein Vater an der Gutenbergschule ab und wir kamen nach Pforzheim. 60 DM kostete das erste Kind, 40 das zweite, eine Menge Geld für einen Handwerker mit einem Einmannbetrieb.

Wir Kinder waren glücklich. Natürlich musste der neue Schüler die Feuerprobe bestehen. Jeden Morgen fuhren wir um 7.20 Uhr vom Hauptbahnhof ab. Ich weiß noch, wie der Detlef, ein ziemlicher Haudegen, der später mein Freund wurde, mir meinen Schulranzen versteckte. Ich fand eine Lösung und stieg einfach auf dem Rückweg in Durlach aus und fuhr mit der Straßenbahn nach Hause. Bald aber wurde ich von den Mitschülern so akzeptiert wie ich war. Auch die vier Wilserkinder, deren Vater der Besitzer von Hammer und Helbling, dem Haushaltswaren-Geschäft, war und die jeden Tag von ihrem Vater am Zug abgeholt wurden, gingen mit mir in die Waldorfschule. Heißt du Hammer oder Helbling, fragte ich meine Mitschülerin Elke: „Ach du Depp, ich heiß doch Wilser", klärte sie mich auf.

Die Zeit in der Waldorfschule war ein echter Glücksfall für mich, nicht nur, weil jedes Kind dort mindestens ein oder zwei Musikinstrumente lernen durfte. Es gab keine Noten, nur Beurteilungen und auf dem Lehrplan stand nicht nur Rezitieren, Sprachübungen, sondern auch Gartenbau, Handarbeit, Musik, Jugendorchester und Theater-AG. Flöte musste jeder Schüler lernen und ich durfte zusätzlich noch Trompete spielen und war wie berauscht vom „Il silencio" und von Nino Rossi.

Eine Stunde wöchentlich hatte ich Trompeten- und eine Stunde Klavierunterricht. Kam ich von der Schule in die Scheffelstraße und sah dort Vaters altes blaues Bussle stehen, beeilte ich mich, ihm zu helfen. Meine Hausaufgaben machte ich zwischen 7 und 9 Uhr abends. Ich war praktisch begabt und das Handwerk hat mir gefallen. Für Vater wurde es immer schwieriger, seinen Ein-Mann-Betrieb zu halten. Im Handwerk braucht man doch immer einen, der einem hilft und zuarbeitet. Auch wenn wir sparsam waren, die Kosten neben dem Schulgeld waren kaum erschwinglich. Ausflüge, Busfahrten, Geld für Instrumente usw., wie sollte das mein Vater mit seinem kleinen Betrieb auf Dauer bezahlen können?

So musste ich meine geliebte Waldorfschule verlassen. Die Lehrer waren außer sich: „Wissen Sie, was sie Ihrem Sohn antun, wenn Sie ihn aus der Schule herausreißen?", belehrten sie Vater.

„Du gehst in die Lehre oder ich muss den Laden schließen", sagte Vater. So kam es, dass ich mit fünfzehneinhalb Jahren die Schule verlassen musste und zwei Jahre lang Vaters Lehrling wurde.

In der Gewerbeschule in Karlsruhe sagten die Lehrer manchmal: „Wenn es der Wohlfeil nicht weiß, wer weiß es dann?" Die Schule machte ich mit links. Ich war arm wie eine Kirchenmaus und habe mich manchmal gefragt: „Kann das meine Zukunft sein?" Aber ich gab nicht auf. Im Gegenteil: Samstags habe ich mich auf dem zweiten Bildungsweg vorbereitet und einen Antrag auf vorzeitige Zulassung zur Meisterprüfung gestellt. Mit 23 Jahren habe ich dann die Prüfung abgelegt. Unser Betrieb war so klein, dass ich das Stückchen Kupferblech, das ich zur Anfertigung für mein Gesellenstück benötigte, beim Eisen-Röckel kaufen musste. Die anderen hätten mir das sicher von ihrem Abfall gegeben, aber ich war zu stolz, um darum zu bitten.

Jetzt ging ich daran, den Installateur-Betrieb meines Vaters Schritt für Schritt auszubauen: „Das geht nur, wenn wir Lehrlinge einstellen", erklärte ich meinem Vater. Die Lehrlinge kamen wie die Orgelpfeifen und zusammen mit einem tüchtigen Pfälzer Gesellen, der mit Ruhe, Geduld und Umsichtigkeit zupackte, ging es aufwärts. Hinzu kam Mutters verbindliche Art bei der Kundenbetreuung, die dafür sorgte, dass der Betrieb für Blechnerei und Installation von Gas und Wasser sich einen guten Ruf erwarb und bei den Kunden immer beliebter wurde. Schon früh engagierte ich mich beim handwerklichen Ehrenamt, denn ich wusste aus Erfahrung, wie wichtig es ist, im Kontakt mit den jungen Menschen zu bleiben und sie auf ihrem Weg als verantwortliche Handwerker zu begleiten.

DIE AUTOREN

Markus Brock, SWR3-Moderator wurde 1963 in Stuttgart geboren, kam aber schon als Kind nach Karlsruhe-Rüppurr, wo er heute noch mit seiner Familie lebt. Nach dem Politik- und Soziologiestudium in Heidelberg arbeitete er bei der Welle Fidelitas, wechselte zum SWR3 und ist seit 1998 ausschließlich als Moderator beim SWR3-Fernsehen tätig. Der „Badener des Jahres" leitet die Sendungen „Nachtkultur" und „Samstagabend" in Südwest3.

Wolfram Fleischhauer, Schriftsteller und Bestsellerautor wurde 1982 in der Fächerstadt geboren und studierte Literaturwissenschaften in Deutschland (Berlin), Frankreich, den USA und in Spanien. Als Konferenzdolmetscher pendelt er zwischen Brüssel und Berlin, wo er mit seiner Frau und zwei Kindern lebt. Fleischhauer hat mehrere sehr erfolgreiche Romane geschrieben wie „Die Purpurlinie", „Die Frau mit den Regenhänden", „Der Gestohlene Abend" und andere.

Pfarrer Klaus Frank ist der Sohn des bekannten Rechtsanwalts und Widerstandskämpfers Reinhold Frank, der 1944 in Plötzensee von den Nazis hingerichtet wurde. Klaus Frank wurde 1933 in Karlsruhe geboren, legte sein Abitur im Bismarckgymnasium ab und studierte katholische Theologie in Freiburg und Münster. 1961 wurde er zum Priester geweiht. Als Pfarrer wirkte er ausschließlich in Ettlingen in der St. Martinskirche. Heute lebt er in Karlsruhe im Ruhestand.

Helmut Fricker wurde 1936 in Karlsruhe als eines von vier Kindern geboren. Die Familie hatte es schwer, wurde ausgebombt, und der Vater kam erst 1950 aus russischer Kriegsgefangenschaft zurück. Nach einer Lehre und Meisterprüfung als Buchbinder wanderte Fricker mit seiner Frau Ursula, zwei kleinen Kindern und 85 Mark nach den USA aus, wo er eine Karriere als Entertainer und Fernsehstar machte. Seinen Hauptberuf, die Buchbinderei, gab er jedoch nie auf. Er sang vor mehreren amerikanischen Präsidenten und europäischen Staatsmännern und ist auch im Marketing für Paulaner Bier tätig.

Sonny Fuchs (verh. Mulheron) wurde als Tochter des bekannten Karlsruher Architekten und Komponisten Richard Fuchs 1928 in Karlsruhe geboren. Die musikalischen Werke ihres Vaters durften in der Nazizeit nicht gespielt werden, aber im Jahr 2007 wurde ihm ein Konzertabend im Schloss Gottesau gewidmet. Sonny entkam mit ihrer Familie nur knapp dem Naziterror und emigrierte nach Neuseeland, wo sie zunächst als Lehrerin und später als erfolgreiche Rundfunkjournalistin arbeitete. Heute lebt sie mit Kindern und Enkeln in Paikakariki, Neuseeland.

Hildegard Gerecke, Karlsruher Polizeipräsidentin, wurde 1951 in Karlsruhe geboren und studierte Rechtwissenschaften an den Universitäten Mainz und Freiburg. Von 1978 bis 1980 war sie Dezernentin beim Landratsamt Enzkreis in Pforzheim, danach Referentin und stellvertretende Referatsleiterin im Innenministerium Baden-Württemberg. Seit Mai 1990 ist sie Polizeipräsidentin und als solche Leiterin des Polizeipräsidiums und zuständig für den Stadt- und Landkreis Karlsruhe mit knapp 2.000 Mitarbeiterinnen und Mitarbeitern.

Dr. Eckhardt Gillen, 1947 in Karlsruhe geboren, gilt heute als einer der bekanntesten deutschen Kunsthistoriker und Kuratoren, der in allen Museen der Welt zu Hause ist und internationale Ausstellungen betreut. Sein Arbeitsschwerpunkt ist die Kunst

Osteuropas und Ostdeutschlands nach dem 2. Weltkrieg. Heute lebt Gillen mit seiner Frau in Berlin.

Gerlinde Hämmerle, ehemalige Regierungspräsidentin des Regierungsbezirks Karlsruhe (1994–2005), ist eine der verdienstvollsten SPD-Politikerinnen des Landes Baden-Württemberg. Sie ist in Karlsruhe aufgewachsen, wo sie noch heute lebhaften Anteil an der Entwicklung der Stadt nimmt. Die ehemalige Berufsschullehrerin und langjährige Bundestagsabgeordnete ist eine ausgezeichnete Kennerin der badischen Revolutionsgeschichte, hat zahlreiche Auszeichnungen für ihr kommunalpolitisches Engagement erhalten und ist Ehrenbürgerin der Stadt Karlsruhe. Noch heute macht sie im Badischen Landesmuseum Führungen, die sie als als engagierte Verfechterin demokratischer Grundrechte ausweisen.

Regina Halmich, weltberühmtes Fliegengewicht, das 1997 zur „weltbesten Boxerin" gewählt wurde, wurde 1976 in Karlsruhe geboren und erhielt dort ihre boxerische Ausbildung. Von 56 Wettkämpfen hat sie nur einen einzigen, ganz zu Beginn ihrer Karriere, verloren. Ihre Eltern bestanden darauf, dass sie eine solide Ausbildung als Rechtsanwaltsgehilfin absolviert. Heute arbeitet Regina Halmich, die sich auch sozial sehr engagiert, unter anderem auch als Moderatorin beim Fernsehen.

Andreas Hirsch · Seit 1948 gibt es das Unternehmen Hirsch Reisen. Heinold Hirsch und seine Frau Christa haben den kulturell anspruchsvollen Stil des soliden Reiseveranstalters geprägt. Die beiden Söhne Mathias und Andreas Hirsch haben diese Unternehmenspolitik erfolgreich weiter entwickelt. Mathias ist kaufmännischer, Andreas technischer Leiter des Hauses. Andreas Hirsch wandte sich zunächst dem Studium der Kunstgeschichte zu, entdeckte dann aber bald, dass die Kfz-Technik seine eigentliche Berufung ist. Am liebsten würde er jedoch reisen, reisen, reisen ...

Dr. Friedrich Georg Hoepfner wurde 1948 in Karlsruhe geboren und ist geschäftsführender Gesellschafter der Hoepfner Bräu Friedrich Hoepfner Verwaltungsgesellschaft. Hoepfner ist auch Initiator des Cyberforum und Gastgeber der Fernsehsendung „Karlsruher Runde". 2008 rief er die Hoepfner-Stiftung ins Leben. Er ist auch Autor mehrerer Werke über die Braukunst und Lebensart und wurde 2010 als Business Angel ausgezeichnet.

Volker Kaminski, geboren 1958 in Karlsruhe, lebt seit 1983 in Berlin. Magisterabschluss 1990 in Germanistik / Philosophie. Drei Buchveröffentlichungen, zuletzt der Roman „Spurwechsel" (DVA, 2001). Zahlreiche Erzählungen, z. B. in den Zeitschriften „Spritz – Sprache im technischen Zeitalter", „Das Magazin", „Am Erker", „Signum". Beiträge in Anthologien, z.B. „Neues Karlsruher Lesebuch", 2010. Kolumnen für die Berliner Zeitung. Regelmäßige Rezensionen für das Online-Magazin der Deutschen Welle Qantara.de. Stipendienaufenthalte, z. B.: Alfred Döblin Stipendium, Stipendium der Kunststiftung Baden-Württemberg, Arbeitsstipendium des Berliner Senats, Stiftung Künstlerdorf Schöppingen, Künstlerhaus Edenkoben.

Waltraud Kirchgessner wurde 1944 als Tochter der Anna Habich, der bekanntesten Wirtin der Südstadt, wo es unzählige Lokale gab, geboren. Jahrzehnte arbeitete sie in der „Alpeschell", einer Institution in der Südstadt, wo Prominente und Arbeiter an einem Tisch saßen, Annas gut bürgerliche Küche genossen und sich von ihr in Freud und Leid beraten ließen. Waltraud unterstützte ihre Mutter und hatte es schwer, sich von ihrer „Übermacht" zu emanzipieren.

Kurt Kramer, der 1943 in Karlsruhe geboren wurde, ist der bekannteste deutsche Glockensachverständige. Weltweit gilt er als der führende Experte auf diesem Gebiet und engagiert sich seit Jahrzehnten auf internationaler Ebene für die Bewahrung von

Glocken als einem wichtigen Kulturgut, was ihm in der Fachwelt und den Medien den Ehrentitel „Glockenpapst" einbrachte. Kramer studierte Architektur und Musik in Karlsruhe und war Glockensachverständiger der Erzdiözese Freiburg.

Doris Lott, Jahrgang 1940, Herausgeberin des Buches, ist ein echtes „Karlsruher Kind". Sie studierte Deutsch und Französisch, unterrichtete an Realschulen, gab mehrere Bücher über Karlsruhe und Frankreich heraus und arbeitete als Freie Journalistin und Rundfunkautorin. Zwei Jahre lebte sie in Chartres und Nancy, wo sie 2005 als erste Deutsche mit der Ehrenmedaille der Partnerstadt Nancy für ihre Verdienste ausgezeichnet wurde. Sie hat zwei Kinder und vier Enkelkinder, die alle hier leben.

Prof. Dr. Dietrich Maier wurde 1944 in Heidelberg geboren und wuchs in der Karlsruher Bahnhofstraße auf. Er ist Diplomchemiker, Kunstfreund und erster Präsident der Europäischen Brunnengesellschaft mit hohem sozialen Engagement. Er war Leiter der Karlsruher Wasserwerke und Mitglied der Geschäftsleitung der Stadtwerke Karlsruhe. Der Wasserspezialist, der sich für Brunnenpatenschaften engagiert, ist in Karlsruhe unter dem Ehrentitel „der Wassermaier" bekannt.

Staatsschauspieler **Kurt Müller-Graf**, der 1913 in Karlsruhe geboren wurde, ist Ehrenbürger der Stadt Ettlingen. Er hat die Ettlinger Schlossfestspiele ins Leben gerufen, deren Intendant er bis 1991 war. 1930 begann er seine Bühnenkarriere bei den Volksschauspielen in Ötigheim. Danach folgten Engagements am Badischen Staatstheater, in Stuttgart, am Wiener Burgtheater und am Nationaltheater Mannheim. Auch in Kinofilmen wirkte er mit und tritt heute noch bei Lesungen auf.

Dr. Joachim Nagel, der 1966 in Karlsruhe geboren wurde, verbrachte seine Kindheit und Jugend in Hagsfeld und in der Waldstadt. Heute ist er Leiter des Zentralbereichs Märkte der Deutschen Bundesbank, deren Vorstand er angehört. 1994 war er als Referent für Fragen der Wirtschafts- und Finanzpolitik in Bonn tätig, und von 1997 bis 1999 arbeitete er als wissenschaftlicher Mitarbeiter an der Universität Karlsruhe. Auslandsaufenthalte, Stipendien in den USA und wissenschaftliche Auszeichnungen gehören zu seiner erfolgreichen Karriere.

Prof. Dr. Günther Nonnenmacher wurde am 2. November 1948 als Sohn eines Handwerksmeisters in Karlsruhe geboren. Nach Abitur und Grundwehrdienst studierte er in Freiburg, Frankfurt und Heidelberg Politische Wissenschaften, Geschichte, Staatsrecht und Philosophie. Magisterexamen 1973; Promotion zum Dr. phil. im Jahr 1975 (bei Dolf Sternberger). Von Juni 1975 an wissenschaftlicher Assistent für das Fach Politikwissenschaft an der Gesamthochschule Wuppertal. Habilitation mit einer Arbeit über politische Philosophie im 17. und 18. Jahrhundert. Am 1. Oktober 1982 trat er in die politische Redaktion der Frankfurter Allgemeinen Zeitung ein, 1986 wurde er dort verantwortlich für Außenpolitik. Seit dem 1. Januar 1994 Herausgeber. Honorarprofessor für Politik- und Kommunikationswissenschaft an der Fakultät für Sozialwissenschaften und Philosophie der Universität Leipzig. Verheiratet, zwei erwachsene Kinder.

Prof. Dr. Brinna Otto, geboren 21.7.1938 in Mannheim; 1958 Abitur, Bismarck-Gymnasium, Karlsruhe; 1961 Zertifikat, Graphik-Malerei-Mode, Akademie Otto-Stößinger, Karlsruhe; 1970 Zertifikat, Archäologischer Volontär, Badisches Landesmuseum, Karlsruhe; 1972 Dr. phil., Klassische Archäologie, Universität Heidelberg; 1972–1974 Assistent und Lehraufträge, Klassische Archäologie, Universität Heidelberg und Würzburg; 1974–1976 Ausstellungsassistent, Badisches Landesmuseum, Karlsruhe; 1977–1983 Forschungsauftrag, Kristallographie-

Archäometrie, Technische Hochschule, Karlsruhe; 1983 Habilitation, Klassische Archäologie, Universität Innsbruck; 1989 Leitung der Magna Graecia Forschungsstelle, Universität Innsbruck; 1994 Außerordentlicher Universitätsprofessor, Klassische Archäologie, Universität Innsbruck; 1995–2003 Leitung der Ausgrabungen im Demeterheiligtum von Herakleia in Policoro, Süditalien; 2003: Projektleitung von Forschungsprojekten, Universität Innsbruck.

Monika Rihm, Jahrgang 1960. 1980 Abitur am Karlsruher Bismarck-Gymnasium. Studium der Germanistik und Geschichte an der Albert-Ludwigs-Universität Freiburg im Breisgau. Arbeitete u. a. mehrere Jahre im Vertrieb eines mittelständischen Karlsruher Softwareunternehmens, bevor sie 2000 in den Bereich Sekretariat / Verwaltung und Organisation am „Museum für Literatur am Oberrhein" im Karlsruher PrinzMaxPalais wechselte. Dort zuletzt Mitarbeit an der Ausstellung und Begleitpublikation „Etwas Neues entsteht im Ineinander. Wolfgang Rihm als Liedkomponist: Die Gedichtvertonungen" im Rahmen der 21. Europäischen Kulturtage Karlsruhe 2012 anlässlich des 60. Geburtstages ihres Bruders, des Komponisten Wolfgang Rihm.

Judith Rimmelspacher, die mit mehreren Literaturpreisen ausgezeichnete Mundartautorin, wurde 1946 in Karlsruhe geboren. Nach vielen Lesungen im Rundfunk, einem Auftritt im Fernsehen des SWR und Lesungen im badischen Raum zog sie sich von der literarischen Bühne zurück, um 2004 mit dem Buch „C'est la vie, ihr Seggl" ihr Comeback zu feiern. Hauptberuflich war die Autorin 27 Jahre lang Mitarbeiterin der Suchtberatungsstelle im Diakonischen Werk Karlsruhe. Mit ihrem Enkel schrieb sie das erfolgreiche Kinderbuch: „Pinkety und die Schneemaus". Weitere Werke: „Mei Lebe isch e Liebesgschicht", „Zum Glück gibt's den noch" und andere.

Thomas Rübenacker wurde 1952 in Karlsruhe geboren und studierte Violoncello bei Martin Ostertag. Seiner Liebe zum Film gab er schon mit 15 Jahren Ausdruck, indem er Filmkritiken für die Badischen Neuesten Nachrichten schrieb. Wenig später schloss sich dann auch die Musik an, über die er sich in den verschiedensten Medien äußerte. Er verfasste vielbeachtete Beiträge für diverse Medien: als Oberspielleiter am Musiktheater, als Moderator, Autor und Regisseur. Rübenacker verfasste über vierzig Hörspiele, drei Theaterstücke, ein Kinderbuch, einen Roman und eine Vorabendserie fürs Fernsehen.

Doris Schmidts, die 1988 in Kronstadt in Rumänien geboren wurde, kam schon als kleines Mädchen nach Karlsruhe-Durlach. Dort besuchte sie die Realschule und danach weiterführende Schulen. 2009 wurde sie zur Miss Germany gewählt. Die BWL-Studentin an der Fachhochschule Heilbronn strebt eine Karriere als Moderatorin an.

Romy Schurhammer, bekannte Journalistin und Autorin, wurde 1936 in Karlsruhe-Durlach geboren und wurde bekannt, als sie mit 19 Jahren alleine mit einem Ford durch Afrika bis nach Kapstadt reiste. „Romy fährt durch Afrika" wurde ein Bestseller. Nach ihrer Heirat mit dem bekannten Bildjournalisten Hilmar Pabel schrieb sie Reportagen für den Stern, die Bunte und GEO. 2001 erschien die Geschichte ihrer aus dem Glottertal stammenden Vorfahren „Die Wildlinge".

Prof. Dr. Gerhard Seiler wurde 1930 in Karlsruhe geboren. Er ist CDU-Politiker und Professor für Volkswirtschaftslehre und Finanzwissenschaft. Zweimal wurde er zum Oberbürgermeister seiner Heimatstadt gewählt von 1986 bis 1998. Der populäre Ex-OB ist Ehrenbürger des Karlsruher Instituts für Technologie (KIT) und genießt bei den Karlsruher Bürgern heute noch hohes Ansehen, nicht zuletzt als „Retter des KSC". Als der Verein 2002 vor dem finanziellen Aus stand, erklärte sich Seiler bereit, als „Notpräsident" einzuspringen und rettete so den Verein.

Professor Sontraud Speidel „Sontraud Speidel – eine Art Clara Schumann unserer Tage" schreibt die „Neue Zeitschrift für Musik". Die Pianistin wurde in Karlsruhe geboren und begann schon im Alter von elf Jahren ihr Studium an der Hochschule für Musik in Karlsruhe. Mehrmals wurde sie bei nationalen und internationalen Wettbewerben für Musik ausgezeichnet. Schon mit 16 Jahren erhielt sie den 1. Preis der Schulen der Bundesrepublik und den 1. Preis beim Johann-Sebastian-Bach-Wettbewerb in Washington, USA. Ihre internationale Karriere mit zahlreichen Fernsehauftritten und CD-Einspielungen führte sie durch viele Länder Europas, die USA, Kanada, Israel, Japan und Korea. Sontraud Speidel ist Professorin für Klavier und Mitglied des Hochschulrats an der Hochschule für Musik in Karlsruhe.

Bernd Uhl, der Freiburger Weihbischof, wurde 1946 in Karlsruhe geboren und verbrachte als Kind viel Zeit bei seinen Großeltern in der Gartenstadt in Rüppurr. Er war begeisterter Fußballspieler, fühlte sich aber auch sehr stark zur Musik hingezogen. Seine religiöse Entwicklung in der Jugendzeit wurde geprägt von den Gottesdiensten im ehemaligen Casino der Amerikaner, die er mit seinem Vater besuchte. Das Studium der Philosophie und Theologie in Freiburg führten zu dem endgültigen Entschluss, Priester zu werden. Heute ist Bernd Uhl Weihbischof in Freiburg, der zweitgrößten Diözese Deutschlands.

Ingo Wellenreuther, schon als Kind war der Politiker ein leidenschaftlicher Fußballfreund. Der CDU-Bundestagsabgeordnete, OB-Kandidat und KSC-Präsident Ingo Wellenreuther wurde 1959 in Karlsruhe geboren, besuchte dort das Goethegymnasium und studierte Rechtswissenschaften. Zunächst war er als Staatsanwalt in Baden-Baden und später als Vorsitzender Richter am Landgericht in Karlsruhe tätig. Ingo Wellenreuther gehört dem Karlsruher Gemeinderat an und ist seit 2002 Mitglied des Deutschen Bundestages. Mit seiner Frau Anke und seinen beiden Kindern lebt er in seiner Heimatstadt.

Vera-Maria Wieland, geb. Freiin von Reischach-Scheffel, geboren 1924 im Scheffelhaus, Karlsruhe. Stephanienstraße 16, dort aufgewachsen. Absolvierte das Lessinggymnasium. Nach dem Krieg zwei Jahre in England, ausgebildete Buchhändlerin, vielseitige literarische Interessen. Viele Jahre im Beirat, danach im Vorstand der von ihrem Vater gegründeten Literarischen Gesellschaft (Scheffelbund Karlsruhe), deren Ehrenpräsidentin sie heute ist.

Joachim Wohlfeil, der Präsident der Handwerkskammer, wurde 1950 in Karlsruhe geboren und übernahm schon früh die Verantwortung für die vom Vater gegründete Firma. Ideenreichtum war gefragt, um den kleinen Betrieb zu einem erfolgreichen Unternehmen mit heute 40 Mitarbeitern auszubauen. Schon in jungen Jahren engagierte sich Wohlfeil für das handwerkliche Ehrenamt und die Entwicklung der Sanitär- und Heizungstechnik. Heute vertritt der Unternehmer mehr als 18.000 Mitgliederbetriebe. Die Ausbildung junger Menschen liegt ihm besonders am Herzen.

Doris Lott

Mein
Karlsruhe

Geschichten aus der
Fächerstadt

INFO VERLAG

120 Seiten · gebunden
ISBN 978-3-88190-255-7
12,50 Euro

„Ein gehöriges Stück
Zeitgeschehen.“

BNN

Wir danken für die freundliche Unterstützung: